MANUEL POUR LES ÉVALUATIONS À GRANDE ÉCHELLE DES ACQUIS SCOLAIRES

ÉVALUATIONS NATIONALES DES ACQUIS SCOLAIRES

MANUEL POUR LES ÉVALUATIONS À GRANDE ÉCHELLE DES ACQUIS SCOLAIRES

Marguerite Clarke et Diego Luna-Bazaldua

© 2023 Banque internationale pour la reconstruction et le développement/La Banque mondiale
1818 H Street NW, Washington, DC 20433
Téléphone : 202–473–1000 ; Internet : www.worldbank.org
Certains droits réservés

1 2 3 4 26 25 24 23

La publication originale de cet ouvrage est en anglais sous le titre de *Primer on Large-Scale Assessments of Educational Achievement* en 2021. En cas de contradictions, la langue originelle prévaudra.

Cet ouvrage a été établi par les services de la Banque mondiale avec la contribution de collaborateurs extérieurs. Les observations, interprétations et opinions qui y sont exprimées ne reflètent pas nécessairement les vues de la Banque mondiale, de son Conseil des Administrateurs ou des pays que ceux-ci représentent. La Banque mondiale ne garantit ni l'exactitude, ni l'exhaustivité, ni l'actualité des données citées dans cet ouvrage. Elle n'est pas responsable des erreurs, omissions, ou contradictions dans les informations qui y sont fournies, ni de l'utilisation qui serait faite ou non des informations, méthodes, procédés ou conclusions présentés dans l'ouvrage. Les frontières, les couleurs, les dénominations et toute autre information figurant sur les cartes du présent ouvrage n'impliquent de la part de la Banque mondiale aucun jugement quant au statut juridique d'un territoire quelconque et ne signifient nullement que l'institution reconnaît ou accepte ces frontières.

Rien de ce qui figure dans le présent ouvrage ne constitue, ni n'implique, ni ne peut être considéré comme, une limitation des privilèges et immunités de la Banque mondiale, ou une renonciation à ces privilèges et immunités, qui sont expressément réservés.

DROITS ET AUTORISATIONS

L'utilisation de cet ouvrage est soumise aux conditions de la licence Creative Commons Attribution 3.0 IGO (CC BY 3.0 IGO) http://creativecommons.org/licenses/by/3.0/igo/. Conformément aux termes de la licence Creative Commons Attribution (paternité), il est possible de copier, distribuer, transmettre et adapter le contenu de l'ouvrage, notamment à des fins commerciales, sous réserve du respect des conditions suivantes :

Mention de la source—L'ouvrage doit être cité de la manière suivante : Clarke, Marguerite, et Diego Luna-Bazaldua. 2023. *Manuel pour les évaluations à grande échelle des acquis scolaires*. Série Évaluations nationales des acquis scolaires. Washington, DC : La Banque mondiale. doi: 10.1596/978-1-4648-1978-0. Licence : Creative Commons Attribution CC BY 3.0 IGO

Traductions—Si une traduction de cet ouvrage est produite, veuillez ajouter à la mention de la source de l'ouvrage le déni de responsabilité suivant : *Cette traduction n'a pas été réalisée par la Banque mondiale et ne doit pas être considérée comme une traduction officielle de cette dernière. La Banque mondiale ne saurait être tenue responsable du contenu de la traduction ni des erreurs qu'elle pourrait contenir.*

Adaptations—Si une adaptation de cet ouvrage est produite, veuillez ajouter à la mention de la source le déni de responsabilité suivant : *Cet ouvrage est une adaptation d'une œuvre originale de la Banque mondiale. Les idées et opinions exprimées dans cette adaptation n'engagent que l'auteur ou les auteurs de l'adaptation et ne sont pas validées par la Banque mondiale.*

Contenu tiers—La Banque mondiale n'est pas nécessairement propriétaire de chaque composante du contenu de cet ouvrage. Elle ne garantit donc pas que l'utilisation d'une composante ou d'une partie quelconque du contenu de l'ouvrage ne porte pas atteinte aux droits des tierces parties concernées. L'utilisateur du contenu assume seul le risque de réclamations ou de plaintes pour violation desdits droits. Pour réutiliser une composante de cet ouvrage, il vous appartient de juger si une autorisation est requise et de l'obtenir le cas échéant auprès du détenteur des droits d'auteur. Parmi les composantes, on citera, à titre d'exemple, les tableaux, les graphiques et les images.

Pour tous renseignements sur les droits et licences doivent être adressées à World Bank Publications, The World Bank Group, 1818 H Street NW, Washington, DC 20433, USA ; courriel : pubrights@worldbank.org.

ISBN (imprimé) : 978-1-4648-1978-0
ISBN (digital) : 978-1-4648-1979-7
DOI : 10.1596/978-1-4648-1978-0

Conception de la page de couverture : Sergio Andres Moreno Tellez, GCS Creative Services, Banque mondiale.

Le numéro de contrôle de la Bibliothèque du Congrès a été demandé.

Table des matières

Avant-propos xiii
Préface xv
Remerciements xvii
À propos des auteurs xix
Abréviations xxi

Chapitre 1. Introduction et Vue d'Ensemble 1
    Pourquoi les évaluations sont-elles importantes ? 1
    En quoi consistent les évaluations à grande échelle des acquis scolaires ? 3
    Pourquoi les évaluations à grande échelle sont-elles importantes ? 9
    Que nous apprend cet ouvrage ? 12
    Annexe 1A. Vue d'ensemble des types d'évaluation 13
    Notes 14
    Références 14
    Ressources Supplémentaires 14

Chapitre 2. Comment les Résultats des Évaluations à Grande Échelle
Sont-Ils Utilisés ? 15
    Quels facteurs expliquent-ils pourquoi les résultats d'évaluations
    à grande échelle sont ou ne sont pas utilisés ? 15
    Les constats faits lors d'évaluations à grande échelle ont-ils des
    implications communes pour l'action publique ? 22
    Idées maîtresses 29
    Références 30

Chapitre 3. Quelles Sont les Ressources Nécessaires à la Mise en Œuvre des
Évaluations à Grande Échelle ? 33
    Qui participe à la planification d'une évaluation nationale
    à grande échelle ? 33
    Combien coûte une évaluation nationale à grande échelle ? 42
    Idées maîtresses 46
    Références 47

Chapitre 4. Quelles Sont les Décisions Clés dans la Conception des Évaluations à
Grande Échelle ? 49
    Quels élèves seront évalués ? 50
    L'évaluation sera-t-elle basée sur un recensement ou sur des
    échantillons ? 50
    À quelle fréquence l'évaluation sera-t-elle administrée ? 52
    Quel sera le contenu de l'évaluation ? 54

Quels formats d'items seront utilisés ? 55
Dans quelle(s) langue(s) l'évaluation sera-t-elle administrée ? 57
L'évaluation inclura-t-elle des questionnaires contextuels ? 59
Comment l'évaluation sera-t-elle administrée ? 60
Quels éléments doivent figurer dans le manuel d'administration de
l'évaluation ? 62
Comment évaluer les élèves ayant des besoins spécifiques d'éducation ? 63
L'évaluation devra-t-elle être adaptée au fil du temps ? 64
Quelles autres décisions techniques doivent être prises en compte
lors de la planification de la prochaine évaluation à grande échelle ? 66
Idées maîtresses 67
Références 68

**Chapitre 5. Que Faut-Il Garder à L'esprit Lors de la Mise en Œuvre des
Évaluations à Grande Échelle ?** 69
Quels sont les principaux éléments à prendre en considération pour
la phase de mise en œuvre ? 69
Quels sont les points importants à prendre en compte lors de
l'administration de l'évaluation ? 72
Idées maîtresses 74
Références 77

**Chapitre 6. Quelles Sont les Étapes Clés de L'analyse des Données des
Évaluations à Grande Échelle ?** 79
Comment les carnets de test et les questionnaires sont-ils notés et codés ? ... 79
Quel est le rôle des poids d'échantillonnage ? 80
Quelles sont les façons courantes de décrire la performance des élèves ? ... 81
Quelles sont les analyses de base pour déterminer les facteurs
influant sur la performance des élèves ? 85
Qu'entend-on par validité et fiabilité des résultats ? 88
Les données d'évaluation, manuels de codage et rapports techniques
doivent-ils être rendus publics ? 89
Idées maîtresses 90
Références 92

**Chapitre 7. Comment Assurer une Communication Efficace des Résultats des
Évaluations à Grande Échelle ?** 93
Quelles sont les principales directives pour la communication
des résultats ? 94
Que doit couvrir le rapport principal d'une évaluation nationale
à grande échelle ? 95
Quels sont les autres moyens de communiquer les résultats des
évaluations à grande échelle ? 100
Idées maîtresses 102
Références 103

**Chapitre 8. Quelles Sont les Principales Évaluations Internationales à Grande
Échelle des Acquis Scolaires ?** 105
Trends in International Mathematics and Science Study 107

    Progress in International Reading Literacy Study 112
    Programme international pour le suivi des acquis des élèves 117
    Annexe 8A. Aperçu des caractéristiques principales 123
    Références 124
    Sites web des organisations internationales d'évaluation 124

Chapitre 9. Quelles Sont les Principales Évaluations Régionales à Grande Échelle des Acquis Scolaires ? 125
    Consortium de l'Afrique australe et orientale pour le pilotage de la qualité de l'éducation 125
    Programme d'analyse des systèmes éducatifs de la CONFEMEN 129
    Laboratorio Latinoamericano de Evaluación de la Calidad de la Educación 132
    Pacific Islands Literacy and Numeracy Assessment 136
    Southeast Asia Primary Learning Metrics 139
    Références 145
    Sites web des organisations régionales d'évaluation 145

Glossaire des termes techniques 147

Encadrés

1.1	Éléments distinctifs des trois types d'évaluation	2
1.2	Questions principales visées dans les évaluations à grande échelle	3
2.1	Importance de l'implication des parties prenantes : Amérique latine et Nouvelle-Zélande	17
2.2	Alignement des épreuves d'évaluation sur les programme de cours national : l'exemple du Ghana	18
2.3	Rotation des épreuves : l'exemple du Mexique	18
2.4	L'intérêt des informations contextuelles : l'exemple de la République démocratique populaire lao	19
2.5	Investir dans la spécialisation technique : l'exemple de l'Indonésie	20
2.6	Présenter les résultats des évaluations nationales à grande échelle : l'exemple du Pérou	21
2.7	Utilisation des résultats d'évaluations nationales dans le suivi des progrès sur la voie de la réalisation des objectifs nationaux d'apprentissage : l'exemple du Brésil	23
2.8	La réforme du système de l'éducation sur la base de l'évaluation nationale des acquis scolaires : l'exemple du Nepal, 2018	26
2.9	La réforme du programme de cours motivée par des évaluations internationales à grande échelle : l'exemple de la Jordanie	26
2.10	L'utilisation des évaluations à grande échelle dans le feed-back sur les pratiques pédagogiques : l'exemple de l'Argentine	28
3.1	Commission saoudienne d'évaluation de l'éducation et de la formation	34
3.2	Ministère malaisien de l'Éducation et Syndicat malaisien des examens	35
3.3	Rôle du Centro de Medición MIDE UC de la Pontificia Universidad Católica de Chile dans le soutien aux initiatives nationales et internationales d'évaluation à grande échelle	37

3.4	Coût des évaluations nationales mexicaines, en pourcentage du budget fédéral de l'éducation	43
4.1	Aux États-Unis, une évaluation basée sur des échantillons	52
4.2	Évaluations basées sur un recensement ou sur des échantillons : les exemples du Chili et Brésil	53
4.3	Contenu couvert par l'Évaluation nationale du Népal des acquis des élèves de 5e année en népalais et mathématiques, 2018	54
4.4	Consignes pour la rédaction des items	58
4.5	Tester les items est important	59
4.6	Structure et principales évolutions de l'Évaluation nationale des acquis des élèves de la République de Corée	65
6.1	Exemple d'item et d'informations y afférentes dans le manuel de codage	81
6.2	Grilles de correction	82
7.1	Caractéristiques des systèmes d'éducation que les évaluations nationales à grande échelle peuvent éclairer	96
7.2	Implications pour l'action publique des résultats de l'évaluation nationale à grande échelle de la République de Corée	99
7.3	Diffusion en ligne des résultats des évaluations nationales à grande échelle du Pérou	101
8.1	Combien l'administration d'une évaluation internationale à grande échelle coûte-t-elle par pays ? Pourquoi y participer ?	106
8.2	Grands constats du cycle TIMSS 2019	111
8.3	Autres évaluations TIMSS	111
8.4	L'étude TIMSS en Fédération de Russie	112
8.5	Grands constats du cycle PIRLS 2016	114
8.6	Autres évaluations PIRLS	115
8.7	L'étude PIRLS en Géorgie	115
8.8	Autres évaluations de l'enquête PISA	118
8.9	Traduction et adaptation des épreuves dans les évaluations internationales à grande échelle	118
9.1	Matières et compétences évaluées dans les épreuves du cycle PASEC 2014	130
9.2	Compétences et processus cognitifs évalués en lecture lors du troisième cycle du LLECE	133
9.3	Branches et processus cognitifs évalués en mathématiques lors du troisième cycle du LLECE	134
9.4	Domaines et processus cognitifs évalués en sciences lors du troisième cycle du LLECE	134
9.5	Processus cognitifs évalués en mathématiques lors du cycle SEA-PLM 2019	140
9.6	Types de textes et processus cognitifs évalués en littératie lors du cycle SEA-PLM 2019	142
9.7	Exemples d'aspects évalués dans le domaine de la citoyenneté mondiale lors du cycle SEA-PLM 2019	143

Graphiques

2.1	Programme international pour le suivi des acquis des élèves : évolution des pourcentages d'élèves peu performants et très performants en compréhension de l'écrit entre 2009 et 2018	25

2.2	Évolution des résultats de l'enquête PISA en Colombie entre 2006 et 2018	27
3.1	Organigramme de l'Agence nationale d'évaluation du Chili	42
4.1	Exemple d'item à réponse ouverte de compréhension de l'écrit tiré de l'évaluation Southeast Asia Primary Learning Metrics, 2019	56
4.2	Exemple d'item à choix multiples de compréhension de l'écrit tiré de l'évaluation Southeast Asia Primary Learning Metrics, 2019	57
5.1	Évaluation nationale à grande échelle : Formulaire de suivi des élèves	73
5.2	Exemple de formulaire d'administration de l'évaluation	75
6.1	Résultats de l'évaluation nationale à grande échelle du Chili, ventilés par État	84
6.2	Résultats de l'évaluation nationale à grande échelle du Pérou, ventilés entre zones rurales et urbaines, 2016 et 2018	85
7.1	Comparaison de sous-groupes d'élèves dans le cadre de l'édition 2015 de l'Enquête nationale indienne sur les acquis des élèves	97
7.2	Comparaison des profils de réponse entre les États peu et très performants dans le cadre de l'édition 2017 de l'Enquête nationale indienne sur les acquis des élèves	98
7.3	Comparaison de la performance moyenne des élèves en langue, selon l'État, dans le cadre de l'édition 2017 de l'Enquête nationale indienne sur les acquis des élèves	99
8.1	Score des pays aux épreuves de mathématiques en 4e année et seuils de référence internationaux lors du cycle TIMSS 2019	110
8.2	Score des pays et seuils de référence internationaux lors du cycle PIRLS 2016	116
8.3	Classement des pays par score moyen en compréhension de l'écrit, en mathématiques et en sciences lors du cycle PISA 2018	121
8.4	Différence de score entre les garçons et les filles en compréhension de l'écrit et en mathématiques lors du cycle PISA 2018	122
9.1	Scores moyens aux épreuves de langue d'enseignement et de mathématiques de 2e année lors du cycle PASEC 2014	131
9.2	Évolution du pourcentage d'élèves à chaque niveau de compétence en numératie en 4e année entre les cycles PILNA 2012 et PILNA 2018	138
9.3	Cycle SEA-PLMS 2019 : pourcentage d'élèves à chaque niveau de l'échelle de compréhension de l'écrit en 5e année	144

Cartes

8.1	Pays ayant participé à l'étude TIMSS entre 1995 et 2019	109
8.2	Pays ayant participé à l'étude PIRLS entre 2001 et 2016	114
8.3	Pays ayant participé à l'enquête PISA entre 2000 et 2018	120

Tableaux

1.1	Arguments souvent invoqués contre l'administration d'évaluations à grande échelle	7
1.2	Différences entre les évaluations à grande échelle et les examens à impact élevé	8
1.3	Avantages et inconvénients des évaluations nationales et internationales à grande échelle	9

1A.1	Types d'évaluation et spécificités de chaque type	13
B2.3.1	Rotation des épreuves en mathématiques dans le Plan Nacional para la Evaluación de los Aprendizajes	18
3.1	Rôles et responsabilités des membres clés de l'équipe d'évaluation nationale à grande échelle	41
B3.4.1	Comparaison du coût des évaluations nationales mexicaines à grande échelle, 2008–18	43
3.2	Liste récapitulative des principaux postes du financement des évaluations nationales à grande échelle	44
4.1	Caractéristiques des évaluations basées sur un recensement ou sur des échantillons	51
B4.2.1	Prova Brasil et Avaliação Nacional da Educação Básica au Brésil	53
4.2	Composantes de la conception des questionnaires	60
4.3	Exemples de constructs couverts dans le questionnaire contextuel Établissement de l'évaluation nationale à grande échelle de la République de Corée	61
4.4	Innovations et exemples d'utilisation de ces dernières dans le cadre des évaluations à grande échelle	66
5.1	Liste de vérification du conditionnement	70
5.2	Évaluation nationale à grande échelle : Formulaire de suivi des établissements	72
6.1	Pourcentage de réponses correctes à l'évaluation nationale à grande échelle du Ghana, selon le sexe	83
6.2	Corrélation entre la performance des élèves à l'évaluation de mathématiques de l'étude TIMSS en 8e année et les mesures scolaires de leurs compétences en mathématiques, selon le sexe : exemple de la Suède	86
6.3	Cinq principales sources de preuves de validité et exemples d'études pour les documenter	88
6.4	Sources de biais et fiabilité	89
8.1	Branches et savoirs et savoir-faire évalués en mathématiques lors du cycle TIMSS 2019	108
8.2	Pourcentage d'items PIRLS par objectif de lecture et processus de compréhension de l'écrit	117
8A.1	Caractéristiques principales des évaluations internationales et régionales à grande échelle	123
9.1	Pays ayant participé à chaque cycle SACMEQ	126
9.2	Description des niveaux de compétence en lecture dans les épreuves SACMEQ	127
9.3	Description des niveaux de compétence en mathématiques dans les épreuves SACMEQ	127
9.4	Score moyen des pays en lecture et en mathématiques lors du cycle SACMEQ III	128
9.5	PASEC 2014 : échelle de compétence en langue d'enseignement de 2e année	132
9.6	Pays ayant participé aux évaluations du LLECE, par cycle	133
9.7	LLECE : score moyen aux épreuves de lecture et de mathématiques en 3e année lors du troisième cycle	135

9.8	Pays ayant participé à chaque cycle PILNA	136
9.9	PILNA 2018 : compétences de référence en littératie en 4e et en 6e année	137
9.10	PILNA 2018 : compétences de référence en numératie en 4e et en 6e année	138
9.11	Association entre les ressources scolaires et le niveau de compétence des élèves	139

Avant-propos

Les évaluations à grande échelle des acquis scolaires sont essentielles pour permettre aux pays d'évaluer le rendement de l'apprentissage à l'échelle du système et d'isoler les facteurs influant sur les résultats scolaires. Lorsque ces évaluations sont bien menées, leurs résultats peuvent entraîner de profonds changements dans la politique de l'éducation et les pratiques pédagogiques et montrent les progrès accomplis sur la voie de la réalisation des objectifs fixés en matière d'éducation dans le monde, notamment ceux énoncés dans le Programme de développement durable des Nations Unies et les cibles de la Banque mondiale relatives à la pauvreté des apprentissages.

Les évaluations à grande échelle des acquis scolaires sont tout à fait probantes moyennant un véritable soutien politique et financier, une planification rigoureuse, une administration précise, des capacités techniques de pointe et un compte rendu clair en temps utile. En raison de cette complexité, les responsables politiques, les équipes chargées des évaluations et d'autres parties prenantes s'interrogent souvent sur la meilleure manière de gérer les différentes étapes du processus d'évaluation. Le présent *Manuel pour les évaluations à grande échelle des acquis scolaires* de la Banque mondiale entend répondre à répondre à leurs questions. Il décrit par ailleurs un certain nombre d'évaluations menées à l'échelle nationale, régionale et internationale et la façon dont des pays à revenu faible, intermédiaire et élevé en ont utilisé les résultats pour améliorer la qualité de l'enseignement et de l'apprentissage.

Nous espérons que cet ouvrage contribuera à renforcer les systèmes d'évaluation et, donc, les systèmes d'éducation. La description des aspects techniques et logistiques des évaluations à grande échelle devrait aider les responsables à éviter de tomber dans des pièges connus et à concentrer leur énergie sur les décisions à prendre compte tenu des résultats.

De meilleures évaluations et de meilleurs résultats sont essentiels pour éclairer les responsables politiques et les aider à concevoir des interventions en toute connaissance de cause. Les responsables politiques agissent à l'aveuglette s'ils n'ont aucune idée de ce que les élèves apprennent. Les données sont essentielles pour prendre de meilleures décisions. De meilleures décisions qui s'imposent pour en finir avec la pauvreté des apprentissages, améliorer l'enseignement et donner à tous la possibilité d'apprendre.

Jaime Saavedra
Directeur général
Pôle d'expertise en éducation du
Groupe de la Banque mondiale

Préface

Ces dix dernières années, de plus en plus de pays dans le monde se sont lancés dans des évaluations nationales à grande échelle ou ont participé pour la première fois à des évaluations internationales du même type. À titre d'exemple, citons le Népal qui a engagé un grand programme national d'évaluation en 2011 et l'Ukraine qui a participé pour la première fois en 2018 au Programme international pour le suivi des acquis des élèves (PISA), une initiative de l'Organisation de développement et coopération économiques (OCDE). Toujours durant ces dix dernières années, de nouvelles évaluations régionales ont été lancées dans certaines parties du monde. Le cadre conceptuel et la méthodologie d'évaluations régionales plus anciennes ont été profondément remaniés ; une évaluation régionale a été lancée en Asie du Sud-Est en 2019 ; et le Programme d'analyse des systèmes éducatifs (PASEC) de la Conférence des ministres de l'Éducation des États et gouvernements de la Francophonie (CONFEMEN), une évaluation propre à l'Afrique francophone, a été complètement revu en vue d'améliorer la comparabilité des résultats entre les pays et au fil du temps.

Toutes ces avancées ont permis aux responsables politiques et à d'autres parties prenantes de mieux cerner leur système d'éducation et, dans certains cas, de mieux suivre les progrès de l'apprentissage. Des pays ont également mis les résultats de ces évaluations à grande échelle à contribution pour prendre des décisions plus éclairées sur les moyens à mobiliser pour améliorer leur système d'éducation.

L'équipe responsable de la Plateforme d'évaluation des apprentissage de la Banque mondiale a rédigé ce *Manuel pour les évaluations à grande échelle des acquis scolaires* pour appuyer les efforts déployés en la matière. Cet ouvrage tombe à point nommé pour fournir aux services et aux clients de la Banque mondiale ce qu'ils cherchaient : un guide concis et facile à consulter sur le sujet. Cet ouvrage s'adresse donc principalement aux équipes et aux clients qui s'emploient à concevoir et à administrer des évaluations à grande échelle. Il s'inscrit dans la série de la Banque mondiale *Évaluations nationales des acquis scolaires*, une source précieuse d'information sur la conception et l'administration d'évaluations nationales et internationales à grande échelle et l'utilisation de leurs résultats. Ce nouvel ouvrage dépasse toutefois les limites de cette série pour répondre à des questions sur les nouvelles tendances dans les évaluations nationales et internationales à grande échelle. Par ailleurs, il donne de nouveaux exemples sur ce qui se fait dans des pays et retrace l'évolution des évaluations régionales et internationales ces dix dernières années.

Les neuf chapitres de cet ouvrage sont structurés de manière à répondre, dans l'ordre, aux questions que se posent souvent les équipes chargées d'évaluations à grande échelle et les responsables politiques amenés à prendre des décisions à la lumière de données tangibles.

- Le **chapitre 1** décrit des concepts majeurs des évaluations à grande échelle ainsi que certains des facteurs expliquant pourquoi ces évaluations sont de plus en plus pertinentes dans le choix des orientations politiques au niveau national et international.
- Le **chapitre 2** rend compte de la façon dont les résultats des évaluations à grande échelle sont utilisés pour améliorer les systèmes d'éducation nationaux.
- Les **chapitres 3 à 7** présentent des aspects cruciaux de la conception et de l'administration des évaluations à grande échelle et de l'analyse et de la diffusion de leurs résultats.
- Les **chapitres 8 et 9** décrivent les principales évaluations régionales et internationales.

Remerciements

Marguerite Clarke, spécialiste senior de l'éducation, et Diego Luna-Bazaldua, spécialiste de l'éducation, ont rédigé cet ouvrage. Shauna Sweet a résumé les éléments majeurs de la série *Évaluations nationales des acquis scolaires* et a actualisé des exemples. Les auteurs ont reçu l'aide et les contributions de Julia Liberman et de Victoria Levin et ont travaillé sous la supervision de Jaime Saavedra (Directeur général, Pôle d'expertise en éducation du Groupe de la Banque mondiale), Omar Arias (Directeur de l'Unité Savoir et innovation dans l'éducation à la Banque mondiale et Christian Aedo (Practice Manager, South Asia Education Team).

Melissa Ann Adelman, Laura Gregory, Emma Gremley (ministère des Affaires étrangères, Royaume-Uni), Rafael de Hoyos Navarro, Yoko Nagashima et Colin Watson (ministère de l'Éducation, Royaume-Uni) ont participé à la révision de cet ouvrage. Les auteurs ont également reçu de précieuses contributions d'Enrique Alasino, de Hanna Katriina Alasuutari, de Luis Benveniste, de Michael Crawford, de Joao Pedro Wagner de Azevedo, de Diana Goldemberg, de Sachiko Kataoka, de Victoria Levin, de Julia Liberman, de Karthika Radhakrishnan-Nair, de Shahram Paksima, de Janssen Teixeira, de Simon Thacker et d'autres membres du Pôle d'expertise en éducation qui ont participé aux débats.

À propos des auteurs

MARGUERITE CLARKE est spécialiste senior en éducation au Pôle d'expertise en éducation du Groupe de la Banque Mondiale. Elle dirige les travaux de la Banque Mondiale sur l'évaluation de l'apprentissage et s'emploie depuis plus d'une vingtaine d'années à aider des pays du monde entier à améliorer leur système d'évaluation. Avant d'entrer à la Banque, elle a enseigné dans diverses universités en Australie et aux États-Unis ; elle a également enseigné dans l'enseignement primaire et secondaire en Irlande et au Japon. Elle est présidente honoraire du Groupe de travail chargé de la première cible du quatrième objectif de développement durable à l'Alliance mondiale pour surveiller l'apprentissage. Elle est titulaire d'un doctorat en recherche, mesure et évaluation du Boston College.

DIEGO LUNA-BAZALDUA est spécialiste en éducation au Pôle d'expertise en éducation du Groupe de la Banque Mondiale, où il aide les services et les clients de la Banque Mondiale à renforcer leurs capacités dans le domaine de la conception d'enquêtes psychologiques et d'évaluations des acquis scolaires. Avant d'entrer à la Banque mondiale, il a enseigné dans des universités au Mexique et aux États-Unis. Il a également travaillé au département d'admission de l'Université Nationale Autonome du Mexique. Il est diplômé en psychologie et en statistiques de l'Université Nationale Autonome du Mexique et est titulaire d'un doctorat en mesure et évaluation du Teachers College, Columbia University.

Abréviations

CLA	Évaluation administrée à l'initiative de la société civile
CONFEMEN	Conférence des Ministres de l'Éducation des États et Gouvernements de la Francophonie
EGMA	Early Grade Mathematics Assessment
EGRA	Early Grade Reading Assessment
EQAP	Programme pour l'évaluation et la qualité de l'enseignement
ETEC	Commission saoudienne d'évaluation de l'éducation et de la formation
HCP	Human Capital Project
LLECE	Laboratorio Latinoamericano de Evaluación de la Calidad de la Educación
MES	Malaysian Examinations Syndicate
NAEA	National Assessment of Educational Achievement
NSC	comité national de pilotage
OCDE	Organisation de développement et coopération économiques
OREALC	Bureau régional pour l'éducation en Amérique latine et dans les Caraïbes
PASEC	Programme d'Analyse des Systèmes Éducatifs de la CONFEMEN
PILNA	Pacific Islands Literacy and Numeracy Assessment
PIRLS	Progress in International Reading Literacy Study
PISA	Programme international pour le suivi des acquis des élèves
SACMEQ	Consortium de l'Afrique australe et orientale pour le pilotage de la qualité de l'éducation
SEAMEO	Organisation des ministres de l'éducation de l'Asie du
SEA-PLM	Southeast Asia Primary Learning Metric
TIMSS	Trends in International Mathematics and Science Study
UNESCO	Organisation des Nations unies pour l'éducation, la science et la culture

Chapitre 1
INTRODUCTION ET VUE D'ENSEMBLE

Pourquoi les évaluations sont-elles importantes ?

Édifier un système d'éducation efficace qui promeut l'apprentissage de tous est essentiel au développement et à la croissance économique des pays. Le *Rapport sur le développement dans le monde 2018* a souligné la crise de l'apprentissage ressentie dans de nombreux pays du monde et l'importance de systèmes d'éducation efficaces pour lutter contre cette crise. Ce rapport décrit trois stratégies complémentaires à adopter pour faire en sorte que les systèmes d'éducation accordent à l'apprentissage l'importance qu'il mérite (Banque mondiale, 2018, p. 16) :

- *Apprécier les acquis – pour faire de l'apprentissage un objectif sérieux.* Mieux mesurer et suivre les acquis des élèves ; utiliser les résultats pour orienter l'action ;
- *Agir à la lumière de données factuelles – pour mettre l'école au service de l'ensemble des apprenants.* Recourir à des données factuelles et preuves solides pour orienter l'innovation et la pratique ;
- *Aligner les intérêts – pour que le système tout entier favorise l'apprentissage.* S'attaquer aux obstacles d'ordre technique et politique qui empêchent la transposition à plus grande échelle des interventions efficaces.

Le présent ouvrage porte sur la première de ces stratégies qui visent à promouvoir l'apprentissage. Il décrit la façon dont concevoir, développer et administrer des évaluations à grande échelle des acquis scolaires et dont utiliser leurs résultats pour aider les systèmes d'éducation à privilégier l'apprentissage et à en améliorer le rendement. Il donne des exemples des évaluations nationales, régionales et internationales qui servent à suivre et à améliorer l'apprentissage dans des systèmes d'éducation du monde entier.

Dans sa forme la plus simple, l'évaluation consiste à recueillir des informations sur ce que les élèves savent, comprennent et peuvent faire et à en tirer des conclusions (Clarke, 2012). Les décisions prises en fonction des résultats d'évaluations sont très diverses : du choix de la suite du parcours scolaire par élève à la définition des critères d'admission à l'université, en passant par la conception, à l'échelle des systèmes, de politiques et de programmes visant à améliorer l'apprentissage.

La plupart des systèmes d'éducation s'en tiennent à trois types d'évaluation qui correspondent à trois types d'objectifs ou de besoins (voir l'annexe 1A) :

- Les *évaluations en classe*, qui donnent aux enseignants et aux élèves des informations en temps réel à l'appui de l'enseignement et de l'apprentissage en classe ;
- Les *examens à impact élevé* (aussi connus sous le nom d'évaluations externes), dont les résultats sont utilisés pour prendre des décisions sur la suite du parcours scolaire des élèves, par exemple pour leur décerner un diplôme ou les admettre à un niveau d'enseignement supérieur ;
- Les *évaluations à grande échelle* qui donnent des informations sur la performance et son évolution dans l'ensemble du système d'éducation, qui permettent de choisir des orientations politiques en bonne connaissance de cause.

Toutes ces évaluations produisent de précieuses informations à l'appui de l'enseignement et, donc, à l'appui de l'apprentissage pour tous (voir l'encadré 1.1). Les évaluations formatives en classe aident par exemple les enseignants à orienter leurs cours au jour le jour, en fonction des besoins de chacun de leurs élèves. Les épreuves normalisées permettent de prendre des décisions fondées sur la répartition des ressources pédagogiques limitées entre les élèves. Quant aux évaluations nationales et infranationales à grande échelle, elles contribuent à fournir des éléments d'information à l'échelle des systèmes et à décrire l'évolution de la performance, ce qui aide à concevoir les réformes systémiques. La mesure dans laquelle chaque type d'évaluation atteint son objectif dépend beaucoup de la qualité technique des instruments

ENCADRÉ 1.1. Éléments distinctifs des trois types d'évaluation

L'un des éléments qui permet de faire facilement la distinction entre les trois types d'évaluation tient au fait que les évaluations en classe ont essentiellement l'apprentissage pour objectif et sont dès lors avant tout formatives. Il n'en va pas de même pour les examens à impact élevé et les évaluations à grande échelle qui visent en grande partie à mesurer le rendement de l'apprentissage, de sorte qu'ils sont essentiellement sommatifs.

ou des processus adoptés pour déterminer ce que les élèves savent et ce qu'ils peuvent faire, du degré d'alignement entre les épreuves et les normes d'apprentissages du système d'éducation et de la capacité des parties prenantes de comprendre et d'utiliser les résultats des épreuves (Clarke, 2012).

La Banque mondiale met de nombreuses ressources à la disposition des pays désireux de se doter d'un système efficace d'évaluation qui tire le meilleur parti des trois types d'évaluation. Le présent ouvrage donne des informations supplémentaires sur les évaluations à grande échelle. Les ressources relatives aux évaluations formatives et aux examens à impact élevé sont accessibles via les liens fournis en fin de chapitre.

En quoi consistent les évaluations à grande échelle des acquis scolaires ?

Les évaluations à grande échelle des acquis scolaires donnent des informations sur le niveau de compétence de l'ensemble des élèves dans une matière, dans une année d'études ou à un âge spécifique. Les résultats de chaque élève aux épreuves sont agrégés pour estimer le niveau de compétence de l'effectif d'élèves de l'année d'études ou de l'âge visé. Les épreuves peuvent être administrées à un échantillon d'élèves ou à l'ensemble des élèves de l'année d'études ou de l'âge visé. Les enseignants et les autres parties prenantes (par exemple les élèves et les chefs d'établissement) peuvent être invités à fournir des informations les concernant, généralement en réponse à un questionnaire, qui permettent de déterminer dans quelle mesure des facteurs tels que les caractéristiques du milieu familial des élèves, le niveau de formation des enseignants et le volume de ressources pédagogiques disponibles influent sur les résultats des élèves (voir l'encadré 1.2). Les résultats et constats de ces évaluations à grande échelle intéressent au premier chef les responsables politiques, mais ils sont utiles aussi aux

---

ENCADRÉ 1.2. Questions principales visées dans les évaluations à grande échelle

Les évaluations à grande échelle cherchent toutes à répondre à l'une ou à plusieurs des questions suivantes (Greaney et Kellaghan, 2008) :
- Les élèves apprennent-ils bien ? Atteignent-ils des normes spécifiques d'apprentissage ?
- Y a-t-il des points forts et des points faibles dans leurs connaissances et compétences ?
- Certains groupes d'élèves sont-ils moins performants que d'autres ? La performance varie-t-elle par exemple entre les garçons et les filles, entre les élèves des zones rurales et urbaines ou entre des groupes linguistiques ?
- Quels sont les facteurs associés à la performance des élèves ? Dans quelle mesure la performance varie-t-elle selon les caractéristiques de l'environnement d'apprentissage (les ressources pédagogiques ou la formation des enseignants, par exemple) ou le milieu familial des élèves ?
- La performance des élèves évolue-t-elle dans le temps ? Quels sont les facteurs associés à l'évolution de la performance des élèves dans le temps ?

formateurs d'enseignants, aux spécialistes des programmes de cours, aux enseignants, aux parents, aux élèves, aux chercheurs et à d'autres parties prenantes.

Les évaluations à grande échelle administrées dans le monde se distinguent à plusieurs égards, notamment :

- *Les années d'études et les âges cibles* : la plupart des évaluations ciblent les élèves dans l'enseignement primaire ou le premier cycle de l'enseignement secondaire ;
- *Couverture de la population cible* : la plupart des évaluations sont administrées dans un échantillon représentatif d'élèves et d'établissements ;
- *Matières ou compétences visées* : la plupart des évaluations comportent des épreuves de langue (ou de littératie) et de mathématiques (ou de numératie), mais d'autres matières ou branches du savoir sont parfois incluses ;
- *Mode d'administration* : la plupart des évaluations sont administrées sur papier, mais l'administration informatisée ou en ligne gagne du terrain ;
- *Informations contextuelles* : la plupart des évaluations prévoient de recueillir des informations sur le milieu familial des élèves et les caractéristiques des enseignants ;
- *Fréquence de l'administration* : les évaluations sont généralement administrées tous les deux à cinq ans.

Les évaluations à grande échelle se distinguent aussi selon la façon dont leurs résultats sont présentés et utilisés. Dans la plupart des cas, les résultats sont pris en considération dans la prise de décisions à faible impact concernant les enseignants et la formation continue, de la réforme des programmes de cours et de la répartition équitable des ressources entre les établissements ; il arrive toutefois qu'ils soient pris en considération dans la prise de décisions à impact élevé, par exemple la décision de récompenser ou de sanctionner les établissements selon qu'ils atteignent ou n'atteignent pas les normes de performance. Selon la littérature, ces décisions à impact élevé tendent à avoir des conséquences plus négatives que positives sur les systèmes d'éducation, de sorte qu'il est plus courant de prendre les résultats des évaluations en considération lors de décisions à faible impact (Chung, 2017).

La plupart des évaluations à grande échelle sont nationales : elles évaluent le niveau de compétence des élèves d'un pays. Dans ces évaluations nationales, les épreuves sont généralement alignées sur les objectifs ou normes d'apprentissage ou sur les programmes de cours du pays ; elles sont administrées pour déterminer si les élèves ont acquis les connaissances et les compétences inscrites au programme défini dans leur pays. De nombreux pays industrialisés et en développement du monde, tels que le Canada, le Kenya, le Koweït, le Népal, le Pérou, la Suède et le Viet Nam administrent des évaluations nationales.

Dans certains pays, des évaluations sont administrées à l'échelle infranationale (dans une province ou un État). Ces évaluations infranationales sont courantes dans les pays fédéraux (notamment en Argentine, au Brésil, au Canada, aux États-Unis et au Pakistan), où le système d'éducation dépend d'un ou de plusieurs niveaux de pouvoir et où un État peut décider d'administrer une évaluation alignée sur ses propres objectifs, normes et programmes. Administrer des évaluations nationales alors que des évaluations infranationales le sont aussi permet de vérifier la qualité des secondes et de détecter des tendances qui divergent entre les premières et les secondes. Aux États-Unis, l'évaluation « National Assessment of Educational Progress » a joué ce rôle.

D'autres évaluations à grande échelle sont administrées à l'échelle régionale. En effet, des évaluations sont administrées dans plusieurs pays de la même région, qui ont souvent des caractéristiques linguistiques ou culturelles en commun. Ce sont les *évaluations régionales à grande échelle*. Citons à titre d'exemple celles menées dans le cadre du Programme d'analyse des systèmes éducatifs (PASEC) de la Conférence des ministres de l'Éducation des États et gouvernements de la Francophonie (CONFEMEN) en Afrique francophone et du Laboratorio Latinoamericano de Evaluación de la Calidad de la Educación en Amérique latine (voir le chapitre 9 pour de plus amples informations au sujet de ces évaluations). Enfin, des évaluations sont administrées dans des pays de nombreuses régions différentes. Ce sont les *évaluations internationales à grande échelle*. Les plus connues de ces évaluations sont le Programme international pour le suivi des acquis des élèves (PISA) et les études internationales de suivi de la performance en mathématiques et en sciences (Trends in International Mathematics and Science Study, TIMSS) et d'évaluation de la performance en lecture (Progress in International Reading Literacy Study) (voir le chapitre 8 pour de plus amples informations au sujet de ces évaluations). Les évaluations régionales et internationales permettent de vérifier jusqu'à un certain point les informations qui ressortent d'évaluations nationales.

D'autres évaluations à grande échelle sont plus difficiles à classer, car elles ne rentrent dans aucune des catégories conventionnelles (voir l'annexe 1A). Citons à titre d'exemple les évaluations du niveau de compétence au début de l'enseignement primaire en lecture (Early Grade Reading Assessment, EGRA) et en mathématiques (Early Grade Mathematics Assessment, EGMA).[1] Conçue en 2006, l'EGRA est une évaluation simple et peu coûteuse du niveau de compétence en prélecture et en lecture que des gouvernements, des organisations internationales de développement, des donateurs ou la société civile peuvent administrer dans des contextes à faible revenu (Gove et Cvelich, 2011). L'EGMA a suivi quelques années plus tard pour évaluer les compétences en numératie ou en mathématiques. Les épreuves EGRA servent à déterminer dans quelle mesure les élèves parviennent à reconnaître des lettres et des phonèmes, à lire des mots simples et à comprendre à l'audition, et les épreuves EGMA, dans quelle mesure ils parviennent à reconnaître des nombres, à faire des comparaisons et à classer des séries d'objets. Les deux séries d'épreuves et des variantes ont été administrées dans plus d'une cinquantaine de pays et dans près d'une centaine de langues. Les épreuves EGRA sont accompagnées de modèles que les pays peuvent modifier en fonction de leur alphabet et de leur langue. Il en va de même pour les épreuves EGMA. Les épreuves EGRA et EGMA sont à administrer oralement et individuellement aux élèves (entre la 1ère et la 3e année généralement). Cette administration des épreuves aux élèves un par un prend plus de temps que dans les autres évaluations à grande échelle, dont les épreuves sont administrées collectivement sur papier ou sur ordinateur (ou tablette). De plus, les résultats aux épreuves EGRA et EGMA sont généralement rapportés par item et non globalement, par matière, contrairement à la plupart des évaluations à grande échelle. Les enquêtes EGRA et EGMA sont très efficaces pour déterminer rapidement le niveau de compétence en lecture et en mathématiques dans les régions à faible revenu. Leurs résultats servent de références et permettent de suivre les effets des mesures prises pour améliorer les compétences en lecture et en mathématiques au début de la scolarité. Ces enquêtes peuvent aussi servir de point de départ à la création d'évaluations plus normalisées et plus représentatives qui sont alignées sur des programmes de cours précis.

Autre type d'évaluation, les évaluations menées à l'initiative de la société civile (CLA) qui sont apparues en Inde en 2005. Ces évaluations sont conçues pour sensibiliser l'opinion aux niveaux de compétence, accroître la responsabilisation ascendante et promouvoir l'action visant à améliorer la qualité de l'enseignement et de l'apprentissage[2]. Des milliers de volontaires sillonnent les districts ruraux pour administrer de simples épreuves de lecture et de mathématiques aux enfants à domicile. Les piètres résultats à ces épreuves ont contribué à alimenter les débats et à donner la priorité à l'apprentissage. Après leur création, les CLA se sont rapidement répandues dans le monde. Elles sont désormais administrées au Kenya, au Mali, au Sénégal, en Tanzanie et en Ouganda pour ne citer que quelques pays. De nombreuses évaluations publiques à grande échelle pourraient s'inspirer utilement des CLA, en particulier pour ce qui est des méthodes efficaces de diffusion des résultats dans l'opinion. En général, les CLA sont administrées à domicile et non en milieu scolaire. Elles permettent donc d'évaluer les acquis non seulement des enfants scolarisés, mais aussi de ceux qui n'ont jamais été scolarisés ou ne le sont plus. Cette approche garantit qu'aucun enfant n'est écarté, en particulier dans les pays où le taux de décrochage scolaire est élevé ou dans ceux où le taux de scolarisation varie selon les sous-groupes de la population. Contrairement aux évaluations nationales à grande échelle, les CLA tendent à être administrées dans des échantillons qui ne sont pas représentatifs de la population cible et à ne pas être alignées sur des programmes de cours spécifiques. De plus, comme elles ne relèvent pas du système public, elles n'induisent pas directement de décisions politiques.

La plupart des pays évaluent les acquis scolaires à l'échelle nationale, mais tous ne le font pas nécessairement à l'échelle internationale, que ce soit parce que leurs capacités sont limitées ou parce qu'ils n'y voient guère d'intérêt. Les arguments souvent invoqués pour justifier la non-administration d'évaluations à grande échelle et les réponses qui peuvent y être opposées sont résumés dans le tableau 1.1.

TABLEAU 1.1. Arguments souvent invoqués contre l'administration d'évaluations à grande échelle

Argument	Contre-argument
C'est une entreprise dangereuse sur le plan politique, en particulier s'il ressort des résultats que le niveau de compétence est très faible dans le pays.	Les évaluations à grande échelle bien conçues peuvent produire des résultats crédibles sur le rendement de l'apprentissage et la performance des établissements qui, s'ils sont présentés d'une façon claire et pertinente, peuvent déboucher sur des engagements politiques plus probants et l'amélioration de l'enseignement. Ces informations aident les responsables politiques à mieux gérer les systèmes d'éducation complexes et à prendre des décisions en meilleure connaissance de cause.
Le nombre de connaissances et de compétences enseignées qui sont évaluées est très limité.	Les systèmes d'éducation poursuivent de nombreux objectifs, dont certains seulement peuvent être analysés dans les évaluations à grande échelle en lecture, en mathématiques, en sciences et en sciences sociales. L'on peut comprendre que des parties prenantes se demandent si privilégier l'évaluation dans ces domaines ne revient pas à négliger les autres objectifs, mais il faut savoir qu'évaluer la performance des élèves dans les matières principales est susceptible de donner des informations sur ces autres objectifs. Les conditions dans lesquelles les élèves n'apprennent pas à lire le moindre mot en plusieurs années d'école ou terminent l'enseignement primaire sans avoir appris à faire une soustraction à deux chiffres ne sont pas propices à la réalisation des objectifs supérieurs de l'éducation.
L'administration des épreuves et l'obtention de résultats tangibles prennent trop de temps.	Le délai entre la conception des instruments et la diffusion des résultats est compris entre 12 et 18 mois dans les évaluations bien planifiées et bien gérées. Dans les évaluations régionales et internationales à grande échelle, les pays doivent compter trois ans entre la décision de participer et la diffusion des résultats. Il est important de considérer que cet investissement s'inscrit dans le cadre d'un engagement à long terme d'améliorer la qualité et l'équité de l'enseignement et du rendement de l'apprentissage.
C'est trop coûteux.	Les économies que font les pays en choisissant de meilleures orientations et en connaissant les facteurs qui influent sur le rendement de l'apprentissage grâce aux résultats des évaluations sont supérieures au coût de l'investissement dans ces systèmes d'évaluation (UNESCO, 2016). De plus, les informations sur les résultats scolaires des élèves peuvent aider les pays à revoir leurs programmes pour enseigner les compétences demandées sur le marché du travail et à réduire les problèmes d'inefficacité et d'inégalité dans les systèmes d'éducation.

Source : Tableau original créé pour le présent rapport.

De plus, certaines parties prenantes estiment que les résultats d'évaluations à grande échelle n'ont rien d'utile, puisqu'elles disposent déjà des résultats des examens à impact élevé. Il est donc particulièrement important de comprendre les différences entre les examens à impact élevé et les évaluations à grande échelle, car les deux exercices peuvent produire des informations de type différent sur les connaissances et les compétences des élèves et ne sont pas interchangeables. Les examens et les évaluations sont comparés dans le tableau 1.2.

Les pays dont les moyens humains et financiers sont limités peuvent hésiter à l'idée d'administrer une évaluation nationale ou de participer à une évaluation régionale ou internationale à grande échelle. Toute décision à cet égard a ses vertus et ses travers (voir le tableau 1.3). Les pays doivent prendre leur décision en fonction de ce qui importe le plus pour eux, compte tenu de leur contexte et de leurs besoins d'informations.

TABLEAU 1.2. Différences entre les évaluations à grande échelle et les examens à impact élevé

	Évaluations à grande échelle	Examens déterminants
Objectif	Informer les responsables politiques sur le niveau global de performance	Diplômer les élèves ou les admettre au niveau d'enseignement supérieur
Fréquence	Fréquence régulière, tous les quatre ans, par exemple	Fréquence annuelle ou supérieure, si les élèves sont autorisés à représenter les examens
Durée	Un ou deux jours	Entre un jour et quelques semaines
Effectif cible	Un échantillon d'élèves d'une année d'études ou d'un âge déterminé	Tous les élèves de l'année d'études cible qui décident de passer l'examen visé
Format	Typiquement, items à choix multiple et à réponse courte	Items à choix multiple et à réponse ouverte
Importance pour les enseignants, les élèves, etc.	Faible	Élevée
Couverture du programme de cours	Généralement entre une et quatre matières	Généralement les matières principales
Effet sur l'enseignement	Effets directs limités, relatifs généralement à la formation continue des enseignants, à la réforme du programme de cours ou à la révision du matériel pédagogique	Effets majeurs : les enseignants tendent à enseigner les aspects visés dans l'examen et peuvent être encouragés à organiser un soutien supplémentaire
Soutien supplémentaire aux élèves	Très improbable	Fréquent
Résultats personnels transmis aux élèves	Rarement	Oui
Informations supplémentaires recueillies auprès des élèves	Souvent, dans des questionnaires contextuels	Rarement
Correction	Généralement selon des techniques sophistiquées sur le plan statistique, qui permettent de généraliser les résultats à la totalité de l'effectif	Processus simple basé sur un guide de correction prédéterminé
Effet sur le niveau de performance des élèves	Peu probable	De mauvais résultats ou la crainte d'un échec peuvent conduire au décrochage scolaire
Utilité dans le suivi de l'évolution des tendances au fil du temps	Approprié, si les épreuves sont conçues dans la perspective du suivi	Non, car les questions d'examen et les effectifs de candidats diffèrent d'année en année ; de plus, si les examens ne sont pas alignés sur le programme de cours national, les résultats ne donnent pas d'informations sur la réalisation des objectifs nationaux

Source : Adapté de Greaney et Kellaghan 2008.

TABLEAU 1.3. Avantages et inconvénients des évaluations nationales et internationales à grande échelle

	Évaluations nationales		Évaluations internationales	
	Avantages	**Inconvénients**	**Avantages**	**Inconvénients**
Comparaison	Comparaison de la performance des élèves à la performance de référence (normes et objectifs nationaux)	Pas ou peu d'informations sur la performance des élèves par comparaison à celle d'autres pays	Comparaison de la performance des élèves à la performance des élèves d'autres pays	Défaut possible d'alignement sur les normes et objectifs nationaux, d'où des informations limitées à ce sujet
Conception et programmation	Liberté des pays de choisir les matières, les années d'études et les âges, les dates et les formats qui répondent le mieux à leurs besoins	Tendance à la mise en œuvre irrégulière des évaluations, avec des variations dans la conception qui affectent la capacité à suivre le niveau des élèves dans le temps	Conception et programmation détaillées, permettant aux pays de prendre les dispositions requises et de comparer les scores dans le temps	Conception et programmation pas nécessairement adaptées aux besoins d'informations des pays ; peu de possibilités d'ajustement
Spécifications techniques	Possibilité d'adapter les spécifications techniques en fonction des compétences techniques de l'équipe nationale	Qualité technique parfois insuffisante, d'où une utilité limitée des données	Possibilité de renforcer les capacités techniques nationales et de faire découvrir des idées novatrices et des pratiques optimales aux responsables nationaux	Nécessité pour les équipes nationales d'avoir suffisamment de compétences techniques pour tirer le meilleur parti de l'appui au renforcement des capacités
Analyse des données et présentation des résultats	Collecte des données et présentation des résultats sous le contrôle total des pays	Retard possible dans la présentation des résultats, d'où une utilité moindre ; confidentialité possible des bases de données, d'où des possibilités moindres d'analyse	Possibilité de faire d'abondantes analyses secondaires des données grâce aux bases de données régionales et mondiales librement accessibles	Nécessité de former les chercheurs nationaux à l'utilisation de bases de données très complexes

Source : Tableau original créé pour le présent rapport.

Pourquoi les évaluations à grande échelle sont-elles importantes ?

Ces vingt dernières années, les évaluations à grande échelle des acquis scolaires ont pris de l'importance, vu leur utilité dans le suivi de l'évolution et l'amélioration de la qualité des systèmes d'éducation. Le renforcement des capacités d'évaluation a permis aux ministères de l'Éducation de décrire des niveaux nationaux d'acquis scolaires, en particulier dans les matières principales, et de comparer les acquis entre des groupes cibles (par exemple entre les garçons et les filles, entre les élèves des zones rurales et urbaines, entre les établissements publics et privés, etc.). Ces informations leur permettent d'affecter davantage de ressources aux établissements et aux élèves qui en ont besoin. Les évaluations à grande échelle ont aussi fourni aux ministères des informations qui leur permettent de déterminer si le niveau des élèves augmente ou diminue dans le temps (Greaney et Kellaghan, 2008). Ces informations interviennent dans le choix des orientations politiques et l'évaluation des effets des réformes. Plusieurs initiatives mondiales ont souligné l'utilité des évaluations à grande échelle dans le suivi et la promotion de l'apprentissage, dont les quatre suivantes :

- *Objectifs de développement durable* : en septembre 2015, les 193 États membres des Nations Unies ont adopté à l'unanimité le Programme de développement durable à l'horizon 2030, à la suite des objectifs du Millénaire pour le développement adoptés en 2000. Ce Programme à l'horizon 2030 énonce 17 objectifs qui vise à réduire la pauvreté et à améliorer les conditions de vie dans le monde sans nuire au climat, ni à la planète. L'objectif relatif à l'éducation, le quatrième, vise à garantir que l'enseignement est équitable, accessible à tous et de qualité et que l'apprentissage tout au long de la vie est à la portée de tous. Le principal indicateur (4.1.1) utilisé pour mesurer les progrès sur la voie de la réalisation de cet objectif est la « proportion d'enfants et de jeunes a) en 2e ou 3e année d'études ; b) en fin de cycle primaire ; et c) en fin de premier cycle du secondaire ayant atteint au moins le seuil minimal de compétence en i) lecture et en ii) mathématiques, par sexe ». Pour calculer cet indicateur, les pays doivent administrer leur propre évaluation ou participer à une évaluation régionale ou internationale. Comme les pays doivent continuer à rendre compte de leurs progrès jusqu'en 2030, ils doivent procéder régulièrement à une évaluation à l'échelle du système et, à cet effet, investir dans un programme efficace qui peut produire des données comparables dans le temps ou participer régulièrement à une évaluation régionale ou internationale.
- Le *Projet pour le capital humain* : la Banque mondiale a pris cette initiative en 2018 sachant que le capital humain était essentiel à la réalisation des objectifs de développement durable et, plus généralement, au développement économique et social (voir la section Ressources Supplémentaires en fin de chapitre). Cette initiative de la Banque mondiale vise à offrir aux dirigeants nationaux la possibilité d'accorder la priorité à des investissements transformateurs dans la santé et l'éducation, des domaines clés pour le développement du capital humain. Élément majeur de l'initiative, l'indice du capital humain calculé tous les deux ans rend compte de la contribution de la santé et de l'éducation à la productivité de la prochaine génération de travailleurs (Banque mondiale, 2019). La composante « Éducation » de l'indice repose dans une grande mesure sur les résultats d'évaluations à grande échelle, qui servent à calculer le nombre d'années d'études corrigé de l'apprentissage, une estimation de la durée de la scolarité des enfants compte tenu de ce qui leur est enseigné. L'évolution du nombre d'années

d'études corrigé de l'apprentissage permet aux pays de suivre leurs progrès sur la voie de la scolarité complète de tous les enfants et, plus généralement, de la réalisation du quatrième objectif de développement durable. Les pays doivent disposer, à l'échelle du système, de données régulièrement mises à jour sur le niveau de performance des élèves pour que leur indice puisse être calculé.

- *La pauvreté des apprentissages* : la crise de l'apprentissage est une cause majeure des déficits de capital humain dans les pays à revenu faible et intermédiaire. En 2019, la Banque mondiale a adopté pour mettre cette crise en évidence le concept de pauvreté des apprentissages, soit l'incapacité des enfants de 10 ans de lire et de comprendre un texte court de leur âge. C'est la lecture qui a été choisie, car c'est un aspect facile à comprendre de l'apprentissage, qui est indispensable à l'apprentissage dans toutes les matières. Le niveau de compétence en lecture est révélateur aussi d'acquis fondamentaux dans d'autres matières. Cet indicateur correspond au nombre d'enfants qui n'atteignent pas le seuil de compétence en lecture (déterminé sur la base des résultats de leur pays à une évaluation à grande échelle de la compréhension de l'écrit, corrigé du pourcentage d'enfants non scolarisés qui sont supposés n'être pas capables de lire. Selon les chiffres publiés en 2019, 53 % des enfants sont incapables de lire et de comprendre une histoire simple à la fin de l'enseignement primaire dans les pays à revenu faible et intermédiaire. Ce pourcentage atteint jusqu'à 80 % dans des pays à faible revenu. La Banque mondiale a fixé l'objectif de réduire le taux de pauvreté des apprentissages de moitié avant 2030. La Banque mondiale propose une série de mesures visant à promouvoir l'acquisition des compétences en lecture dans l'enseignement primaire ainsi qu'un appui au renforcement des évaluations à grande échelle en vue de remédier au manque de données et de déterminer avec plus de précision si le pourcentage d'élèves performants en compréhension de l'écrit augmente au fil du temps.
- *COVID-19 :* le monde était déjà plongé dans une crise de l'apprentissage avant que la pandémie mondiale de coronavirus (COVID-19) ne commence en 2020, comme l'atteste la grande pauvreté des apprentissages. L'épidémie de COVID-19 a déclenché une autre crise dans les systèmes d'éducation, car plus de 160 pays ont décrété la fermeture totale ou partielle des établissements, ce qui a touché 1,5 milliards d'enfants et d'adolescents au moins. Selon des études, la pandémie pourrait aggraver la situation en matière d'apprentissage. Les déficits d'apprentissage pourraient être particulièrement importants chez les enfants et adolescents les plus défavorisés. Les établissements rouvrent progressivement, et les pays doivent faire le point sur les acquis des élèves. Les évaluations à grande échelle seront donc déterminantes pour estimer le niveau global d'apprentissage et repérer des sous-groupes ou des secteurs où il y a lieu de mobiliser davantage de moyens pour combler les déficits d'apprentissage et promouvoir la reprise des apprentissages. Ces efforts ciblés

seront cruciaux, vu l'importance sans précédent de toutes les priorités à financer alors que les ressources mondiales et nationales sont limitées, ce qui suppose d'affecter ces ressources avec une efficience optimale.

Que nous apprend cet ouvrage?

Cet ouvrage est un guide complet qui s'adresse à ceux qui veulent en apprendre davantage sur la conception et l'administration des évaluations à grande échelle des acquis scolaires et sur l'analyse et l'utilisation de leurs résultats. Chaque chapitre aborde une étape du processus, propose des idées, donne des exemples de ce qui est fait dans certains pays et décrit les points à prendre en considération et les pièges à éviter. Il est à consulter en parallèle avec la série *Évaluations nationales des acquis scolaires* de la Banque mondiale. Les cinq volumes de cette série décrivent de façon plus détaillée bon nombre des thèmes abordés ici.

Les neuf chapitres du présent ouvrage répondent dans l'ordre aux questions que se posent souvent ceux qui mènent des projets d'évaluation à grande échelle ainsi que ceux qui veulent prendre des décisions éclairées à leur sujet. Ce premier chapitre décrit certains des concepts majeurs des évaluations à grande échelle et en explique l'importance. Le chapitre 2 traite de l'utilisation des résultats et constats des évaluations à grande échelle. Les chapitres 3 à 7 présentent des aspects cruciaux de la conception et de l'administration des évaluations à grande échelle et de l'analyse et de la diffusion de leurs résultats. Les chapitres 8 et 9 décrivent les principales évaluations régionales et internationales à grande échelle.

Annexe 1A. Vue d'ensemble des types d'évaluation

TABLEAU 1A.1. Types d'évaluation et spécificités de chaque type

	Évaluation					
	Évaluations en classe	Examens	Évaluations nationales	Évaluations internationales	Évaluations à l'initiative de la société civile	EGRA et EGMA
Objectif	Fournir sur-le-champ des indications visant à orienter l'enseignement	Sélectionner des élèves ou leur décerner un diplôme au fil de leur parcours scolaire, de niveau d'enseignement en niveau d'enseignement (ou à l'entrée dans la vie active)	Fournir des indications sur la santé globale du système d'éducation dans une ou des années d'études ou un ou des groupes d'âge	Fournir des indications sur la performance relative des systèmes d'éducation dans une ou des années d'études ou un ou des groupes d'âge	Rendre compte des compétences de base des enfants en littératie et en numératie après administration d'épreuves à domicile	Rendre compte des compétences de base des enfants en littératie et en numératie après administration d'épreuves à domicile ou à l'école
Fréquence	Fréquence quotidienne	Fréquence annuelle ou supérieure, si les élèves sont autorisés à représenter les examens	Fréquence régulière (annuelle à quinquennale) dans des matières spécifiques	Fréquence régulière (annuelle à triennale) dans des matières spécifiques	Fréquence variable	Évaluations ponctuelles, souvent administrées pour établir un niveau de référence et suivre les effets d'interventions spécifiques
Effectif cible	Tous les élèves	Tous les élèves admissibles	Recensement ou échantillon d'élèves dans une ou des années d'études ou dans un ou des groupes d'âge déterminés	Un échantillon d'élèves dans une ou des années d'études ou dans un ou des groupes d'âge déterminés	Enfants scolarisés et non scolarisés	Typiquement entre la 1ère et la 3e année
Format	Variable, de l'observation à l'administration d'épreuves sur papier	Généralement des items à choix multiple et à réponse ouverte	Généralement des items à choix multiple et à réponse courte	Généralement des items à choix multiple et à réponse courte	Généralement des items à choix multiple et à réponse courte administrés individuellement ou en marge d'une enquête auprès des ménages	Administration orale et individuelle d'items à réponse courte
Couverture du programme de cours	Toutes les matières	Matières principales	Généralement quelques matières	Généralement entre une et trois matières	Compétences de base, alignées ou non sur le programme de cours	Compétences de base, alignées ou non sur le programme de cours
Informations supplémentaires recueillies auprès des élèves	Oui, dans le cadre du processus d'enseignement	Rarement	Fréquent	Oui	Parfois	Parfois
Correction	Généralement selon une technique informelle et simple	Selon des techniques simples à sophistiquées sur le plan statistique	Selon des techniques simples à sophistiquées sur le plan statistique	Généralement selon des techniques sophistiquées sur le plan statistique	Selon des techniques simples à sophistiquées sur le plan statistique	Simple agrégation du nombre ou du pourcentage de réponses correctes

Source : Adapté de Clarke 2012.

Remarque : EGMA : Early Grade Mathematics Assessment ; EGRA : Early Grade Reading Assessment.

Notes

1. https://www.eddataglobal.org/
2. http://www.asercentre.org/

Références

Chung, Pearl J. 2017. *The State of Accountability in the Education Sector of Republic of Korea. Background Paper for the 2017–18 Global Education Monitoring Report*. Paris: UNESCO.

Clarke, Marguerite. 2012. "What Matters Most For Student Assessment Systems: A Framework Paper." SABER—Systems Approach for Better Education Results series, Working Paper No. 1. World Bank, Washington, DC.

Gove, Amber, and Peter Cvelich. 2011. "Early Reading: Igniting Education for All. A Report by the Early Grade Learning Community of Practice, Revised Edition." Research Triangle Institute, Research Triangle Park, NC.

Greaney, Vincent, and Thomas Kellaghan. 2008. *Assessing National Achievement Levels in Education*. Washington, DC: World Bank.

UNESCO (United Nations Educational, Scientific, and Cultural Organization). 2016. "The Cost of Not Assessing Learning Outcomes." http://uis.unesco.org/sites/default/files/documents/the-cost-of-not-assessing-learning-outcomes-2016-en_0.pdf.

World Bank. 2018. *World Development Report 2018: Learning to Realize Education's Promise*. Washington, DC: World Bank Group.

World Bank. 2019. *World Development Report 2019: The Changing Nature of Work*. Washington, DC: World Bank Group.

Ressources supplémentaires

- Education Home Page: https://www.worldbank.org/en/topic/education.
- Human Capital Project: https://www.worldbank.org/en/publication/human-capital.
- Learning Assessment Platform: https://www.worldbank.org/en/topic/education/brief/learning-assessment-platform-leap.
- Learning Poverty: https://www.worldbank.org/en/topic/education/brief/learning-poverty.
- National Assessments of Educational Achievement series: https://openknowledge.worldbank.org/handle/10986/32461.
- Student Assessment for Policymakers and Practitioners: https://olc.worldbank.org/content/student-assessment-policymakers-and-practitioners.

Chapitre 2
COMMENT LES RÉSULTATS DES ÉVALUATIONS À GRANDE ÉCHELLE SONT-ILS UTILISÉS ?

Les évaluations à grande échelle ont pour objectif de déterminer ce que les élèves savent, comprennent et peuvent faire, que ce soit dans une matière, un domaine de connaissance ou un type de savoir-faire, en vue d'estimer les niveaux de compétence dans l'ensemble d'un système d'éducation. Les résultats doivent répondre aux besoins d'informations des parties prenantes sur les niveaux de compétence des élèves dans l'ensemble et dans des sous-groupes spécifiques, sur les points forts et les points faibles repérés dans leurs savoirs et savoir-faire et sur les facteurs intra-établissement et inter-établissements influant sur l'apprentissage et les résultats scolaires. Ce chapitre décrit les facteurs qui expliquent pourquoi les résultats d'évaluations à grande échelle sont ou ne sont pas utilisés et donne des exemples concrets sur l'utilisation des résultats des évaluations nationales et internationales lors du choix des orientations des politiques éducatives.

Quels facteurs expliquent-ils pourquoi les résultats d'évaluations à grande échelle sont ou ne sont pas utilisés ?

Les facteurs qui expliquent pourquoi les résultats d'évaluations à grande échelle sont ou ne sont pas utilisés sont d'ordre politique, institutionnel et technique. Des parties prenantes clés peuvent par exemple douter de ces résultats s'ils ne se fient pas à l'organisation qui a administré l'évaluation ou qu'ils ne comprennent pas bien les implications de constats présentés d'une façon trop technique (Reimers, 2003). Des responsables politiques peuvent aussi choisir d'ignorer des résultats délicats sur le plan politique ou s'opposer au fait qu'ils soient rendus publics. De plus, de nombreux pays manquent des ressources ou des capacités institutionnelles nécessaires pour agir en fonction des résultats de ces évaluations, même si ceux-ci sont jugés importants par des parties prenantes. La mesure dans laquelle les résultats d'évaluations à grande échelle sont susceptibles d'être utilisés dépend aussi (a) du degré d'alignement des évaluations sur d'autres composantes du système d'éducation ; b) de la perception de la qualité technique des évaluations ; et c) de l'ampleur de la diffusion des résultats et des données y afférentes. Six facteurs influant sur l'utilisation d'évaluations à grande échelle sont décrits de façon plus détaillée ci-dessous.

IMPLICATIONS DES PARTIES PRENANTES

Pour obtenir que les résultats soient acceptés, il faut que les parties prenantes – les enseignants, les chefs de département et d'établissement et les responsables régionaux de l'éducation – soient associés à chaque étape du processus d'évaluation, de la planification à l'analyse et à l'interprétation des résultats. Il faut aussi que les résultats soient communiqués clairement aux parties prenantes, ce qui implique de les présenter sous divers formats adaptés et d'adopter une stratégie efficace de diffusion. À la réception des résultats, les parties prenantes doivent avoir la possibilité de les analyser, de débattre de leurs implications pour leur travail et de déterminer en quoi ils justifient des changements, notamment législatifs, qui permettraient d'améliorer l'apprentissage des élèves (Kellaghan, Greaney et Murray, 2009).

L'implication des parties prenantes est particulièrement importante lorsque les résultats révèlent des inégalités dans le système d'éducation. Les résultats d'évaluations à grande échelle sont en effet souvent révélateurs de problèmes d'équité, d'efficience, d'accessibilité ou de qualité dans le système d'éducation qui passeraient inaperçus sans l'implication des parties prenantes. L'encadré 2.1 illustre l'importance de l'implication des parties prenantes par deux exemples contrastés en Amérique latine et en Nouvelle-Zélande.

CLARTÉ ET COUVERTURE DES DOMAINES D'ÉVALUATION

Les évaluations à grande échelle sont plus susceptibles de fournir des informations utiles lorsque les domaines de connaissance sont bien définis et alignés sur les programmes de cours ou les objectifs nationaux d'apprentissage. Lorsque les épreuves sont alignées sur des éléments pertinents, représentatifs des programmes de cours, les résultats des élèves donnent des informations sur l'enseignement des matières inscrites au programme et la réalisation des objectifs nationaux d'apprentissage (voir l'encadré 2.2).

Il est dans l'ensemble impossible de couvrir tous les aspects d'un programme de cours dans un seul instrument d'évaluation. Pour obtenir à la fois une couverture adéquate et des instruments d'une longueur raisonnable, les concepteurs d'évaluations peuvent utiliser le principe de la rotation des épreuves, qui permet de recueillir de plus nombreuses informations sur une matière spécifique sans que la charge de la passation des épreuves ne soit trop lourde pour les élèves (voir l'encadré 2.3). La rotation est une approche qui nécessite du personnel spécialisé en psychométrie et dans le calcul de valeurs plausibles et autres statistiques.

> **ENCADRÉ 2.1.** Importance de l'implication des parties prenantes :
> Amérique latine et Nouvelle-Zélande
>
> **Amérique latine**
>
> Ferrer et Arregui (2003) ont décrit les conséquences de la faible implication des parties prenantes dans la conception de la première grande évaluation régionale administrée en Amérique latine en 1997. Les pays participant à l'évaluation du Laboratorio Latinoamericano de Evaluación de la Calidad de la Educación (LLECE) ont désigné leur coordinateur national, chargé de les représenter auprès de l'organisation régionale responsable de l'évaluation. Dans de nombreux cas, ces coordinateurs dirigeaient une agence nationale d'évaluation ou travaillaient au ministère de l'Éducation dans un service spécialisé dans les évaluations. Certains des coordinateurs nationaux ont bénéficié de l'aide de spécialistes des programmes de cours, contrairement à d'autres qui n'en ont pas bénéficié du fait de conflits internes entre les services responsables des programmes et les agences nationales d'évaluation. Des services responsables de programmes n'ont pas été associés à la conception du cadre d'évaluation et des épreuves, ce qui a fait naître des doutes quant au degré d'alignement des instruments du LLECE sur les objectifs d'apprentissage des pays participants. Que la validité et la pertinence des résultats aient été remises en cause par des parties prenantes clés n'a donc rien de vraiment surprenant. Lors des évaluations suivantes, l'équipe régionale du LLECE s'est employée à promouvoir l'implication d'un plus grand éventail de spécialistes afin d'éviter ce type de problème.
>
> **Nouvelle-Zélande**
>
> Le gouvernement néo-zélandais a confié la conception et l'administration de l'évaluation nationale, le « National Education Monitoring Project », à l'Université d'Otago entre 1995 et 2010. Durant cette période, l'équipe responsable du projet à l'Université a consulté de nombreux spécialistes et parties prenantes pour comprendre leurs points de vue. Elle a aussi étroitement associé les enseignants à la conception, à l'administration et à la correction des épreuves. Grâce à ce processus participatif, les résultats d'évaluation ont suscité un débat national, essentiel pour promouvoir des changements dans l'enseignement et l'apprentissage dans les établissements (Flockton, 2012).

COLLECTE D'INFORMATIONS CONTEXTUELLES PERTINENTES

Les évaluations à grande échelle s'avèrent encore plus pertinentes pour la politique de l'éducation lorsqu'elles recueillent aussi des informations qui aident les parties prenantes à comprendre pourquoi les résultats varient, par exemple en fonction du profil démographique des élèves et de leurs attitudes à l'égard de l'apprentissage, des pratiques pédagogiques des enseignants et de leur connaissance des matières enseignées, des ressources des établissements et de facteurs scolaires et sociaux. Les informations sur des facteurs liés au niveau de compétence des élèves peuvent suggérer des mesures à prendre et améliorent la pertinence des résultats des évaluations pour les parties prenantes (voir l'encadré 2.4).

De nombreuses informations contextuelles sont recueillies au sujet des élèves, des enseignants et des établissements dans des évaluations internationales à grande échelle telles que l'enquête PISA et les études internationales de suivi de la performance en mathématiques et en sciences (Trends in International

ENCADRÉ 2.2. Alignement des épreuves d'évaluation sur les programme de cours national : l'exemple du Ghana

Au Ghana, l'évaluation nationale administrée en 4e et 6e année est axée sur les mathématiques et l'anglais. Ces années d'études ont été préférées à des années antérieures, car c'est à partir de la 4e année que le programme de cours et la politique sur la langue d'enseignement prévoient que les cours se donnent exclusivement en anglais. Les résultats de ces épreuves permettent donc aux responsables politiques d'évaluer la maîtrise de l'anglais dès que l'anglais devient la seule langue d'enseignement, puis deux ans plus tard.

L'équipe responsable des épreuves s'est basée sur le programme de cours national et les dossiers y afférents pour concevoir la version préliminaire, puis définitive des instruments. En mathématiques, les épreuves portent sur les opérations fondamentales, les nombres, les mesures, les formes et l'espace et les données et les probabilités, autant d'aspects inscrits au programme de 4e et de 6e année. En anglais, les épreuves administrées en 4e et en 6e année sont constituées d'exercices de grammaire et de compréhension à l'audition et à la lecture (Ministère de l'Éducation, Ghana Education Service et National Education Assessment Unit, 2016).

ENCADRÉ 2.3. Rotation des épreuves : l'exemple du Mexique

L'expérience du Mexique dans les évaluations régionales et internationales à grande échelle – par exemple le Programme international pour le suivi des acquis des élèves (PISA) et le LLECE – a facilité l'adoption du principe de la rotation des épreuves administrées dans le cadre du Plan Nacional para la Evaluación de los Aprendizajes (Instituto Nacional para la Evaluación de la Educación, 2015). Il y au total six épreuves différentes de 50 items chacune. Chaque épreuve contient deux versions, ce qui aide à créer des liens avec les autres épreuves et de couvrir plus largement la matière évaluée. En dépit de ces différences de contenu, les résultats des élèves peuvent être rapportés sur la même échelle, toutes épreuves confondues, grâce à des analyses psychométriques (voir le tableau B2.3.1).

TABLEAU B2.3.1. Rotation des épreuves en mathématiques dans le Plan Nacional para la Evaluación de los Aprendizajes

Épreuves	Version		Score moyen	Nombre d'items
1	A	B	692.79	50
2	B	C	690.31	50
3	C	D	682.23	50
4	D	E	678.50	50
5	E	F	670.49	50
6	F	A	677.14	50

Source : Instituto Nacional para la Evaluación de la Educación 2015.

> **ENCADRÉ 2.4. L'intérêt des informations contextuelles : l'exemple de la République démocratique populaire lao**
>
> En République démocratique populaire lao, le Research Institute for Educational Sciences – sous la tutelle du ministère de l'Éducation et des Sports – est chargé de l'évaluation nationale depuis 2006. Les épreuves de cette évaluation des acquis scolaires ont été administrées en 5e année en 2006 et en 2009 et en 3e année en 2012 et en 2017.
>
> En 2017, les épreuves ont porté sur les fondements de la littératie et de la numératie, puisqu'elles concernaient les élèves en début de scolarité. Elles ont été assorties d'un questionnaire contextuel à remplir par les élèves, les enseignants et les chefs d'établissement, le but étant de recueillir des informations supplémentaires sur les facteurs qui influent sur les résultats des élèves (Research Institute for Educational Sciences, 2018).
>
> L'évaluation de 2017 a été conçue en vue d'atteindre les objectifs suivants :
>
> - Évaluer les acquis des élèves et déterminer dans quelle mesure ils sont conformes aux normes prévues ;
> - Recueillir et analyser des informations contextuelles sur des facteurs en lien avec les résultats des élèves ;
> - Porter les conclusions de l'évaluation à la connaissance des parties prenantes en vue d'améliorer l'enseignement et l'apprentissage.
>
> Les informations recueillies dans le cadre de cette évaluation ont permis de détecter des facteurs en lien avec les résultats des élèves, notamment :
>
> - En moyenne, les filles obtiennent de meilleurs résultats que les garçons en littératie ; Filles et garçons font à peu de choses jeu égal en numératie ;
> - Les élèves dont les enseignants sont d'un niveau de formation plus élevé tendent à être plus performants en numératie ;
> - Les élèves sont plus performants en littératie et en numératie en classe unique, c'est-à-dire qui regroupe des élèves de plusieurs années d'études différentes, qu'en classe spécifique par année d'études.

Mathematics and Science Study, TIMSS et d'évaluation de la compréhension de l'écrit (Progress in International Reading Literacy Study, PIRLS). Aux Philippines, ces informations supplémentaires ont permis aux autorités de constater que les résultats des élèves aux épreuves PISA dépendaient fortement de leur milieu socioéconomique et que les élèves peu performants se concentraient dans certains établissements (OCDE, 2019b). De plus, des analyses internationales des résultats de l'étude TIMSS ont révélé que le soutien parental à l'apprentissage était associé à un meilleur score aux épreuves de mathématiques de 4e année (Mullis *et al.*, 2016).

COMPÉTENCES TECHNIQUES DES ÉQUIPES

Les parties prenantes doivent avoir la certitude que les évaluations ont été conçues et administrées selon une approche technique probante, aussi conforme que possible aux meilleures pratiques en matière d'évaluation cognitive, pour se fier aux résultats et ensuite les utiliser (AERA, APA et NCME, 2014).

Les spécialistes associés à chaque étape du processus d'évaluation (conception, administration, analyse, établissement du rapport et diffusion des résultats) doivent avoir toutes les compétences techniques requises dans leur domaine de responsabilité – nous y reviendrons de manière plus détaillée dans le chapitre suivant.

- Les *psychométriciens* doivent être capables de suivre les normes applicables de conception, d'administration et d'analyse à chaque étape du processus d'évaluation. Ils doivent notamment pouvoir garantir que le cadre d'évaluation et les épreuves préliminaires reflètent bien la matière visée, que seuls les items aux caractéristiques psychométriques appropriées sont retenus dans les épreuves définitives et que les réponses des élèves sont bien analysées et interprétées.
- Les *statisticiens* doivent être capables de concevoir et de mettre en œuvre une stratégie d'échantillonnage, de faire des pondérations et d'analyser et de résumer les résultats avec précision.
- Les *rédacteurs d'items* doivent être spécialisés dans la matière évaluée et s'en tenir aux meilleures pratiques lors de la rédaction de l'amorce et des options de réponse des items et de la définition des critères d'évaluation des réponses des élèves.
- Les *administrateurs d'épreuves* doivent chronométrer toutes les sessions et veiller à l'application de tous les protocoles de test. Ils doivent s'assurer que les critères d'admission aux épreuves sont compris et respectés et que les élèves admis et exclus sont bien répertoriés.
- Les *responsables de la communication* doivent pouvoir constituer des dossiers clairs et cohérents pour faire connaître les résultats principaux à un large éventail de parties prenantes non initiées aux arcanes techniques des évaluations.

Constituer une équipe bien formée, compétente dans toutes les matières techniques, aide à garantir que les évaluations sont administrées selon les meilleures pratiques et les procédures appropriées. L'Indonésie a par exemple investi dans la formation spécialisée du personnel chargé de la conception et de l'administration de son évaluation nationale (voir l'encadré 2.5).

ENCADRÉ 2.5. Investir dans la spécialisation technique : l'exemple de l'Indonésie

Vu l'intérêt de certaines parties prenantes, l'Indonésie a décidé de participer aux enquêtes PISA et TIMSS en vue notamment d'acquérir l'expérience et les compétences techniques requises pour constituer sa propre évaluation nationale (Lockheed, Prokic-Breuer et Shadrova, 2015). Le pays a non seulement participé à ces évaluations internationales, mais aussi investi dans la formation de l'équipe responsable de son évaluation nationale en psychométrie ainsi que dans le domaine des évaluations des acquis scolaires. Les spécialistes constituant cette équipe placée sous la tutelle du ministère de l'Éducation et de la Culture ont été chargés de gérer la participation du pays à ces évaluations internationales et de concevoir une évaluation nationale (Lockheed, Prokic-Breuer et Shadrova, 2015).

PRESENTATION CLAIRE DES RÉSULTATS

Les résultats ne s'analysent, ni ne s'utilisent en vase clos. Il est important de tenir compte des priorités, des pressions et des contraintes qui peuvent caractériser le système d'éducation. Les résultats doivent être présentés compte tenu de ces considérations et des conséquences attendues et inattendues qu'ils peuvent avoir pour les élèves et les parties prenantes (Kellaghan, Greaney et Murray, 2009).

Les résultats d'évaluation doivent être résumés dans un rapport général et analysés de manière plus approfondie dans des rapports destinés à répondre aux besoins d'informations de groupes spécifiques de parties prenantes, tels que les responsables politiques, les responsables de l'éducation, les enseignants et les élèves. Les diverses façons de communiquer les résultats sont étudiées de façon plus approfondie dans le chapitre 7. Les conclusions doivent être portées à la connaissance de chacun de ces groupes cibles en temps opportun et dans un langage clair et compréhensible. Les résultats des évaluations nationales à grande échelle sont plus susceptibles d'être utilisés s'ils décrivent clairement les facteurs en lien avec la variation du niveau de compétence des élèves et diagnostiquent les problèmes qui se posent dans le système d'éducation. Ils sont également plus susceptibles d'être utiles si les enseignants comprennent les implications concrètes des résultats et la pertinence des informations sur la performance du système d'éducation pour leur classe et leur établissement.

L'encadré 2.6 présente les différents rapports que le ministère péruvien de l'Éducation publie afin de communiquer aux différentes parties prenantes les résultats des évaluations nationales à grande échelle.

ENCADRÉ 2.6. Présenter les résultats des évaluations nationales à grande échelle : l'exemple du Pérou

Au Pérou, le programme national d'évaluation prévoit l'administration d'épreuves basées sur le recensement (Evaluación Censal de Estudiantes) et d'autres sur des échantillons d'élèves (Evaluación Muestral de Estudiantes) dont les résultats se complètent mutuellement (années d'études et matières évaluées). L'Evaluación Censal de Estudiantes évalue des objectifs majeurs de l'apprentissage et l'Evaluación Muestral de Estudiantes, un éventail plus large d'aspects du programme de cours. Le ministère péruvien de l'Éducation publie des rapports nationaux où sont résumés les résultats des deux évaluations ; les résultats sont rapportés sur des échelles de compétence divisées en quatre niveaux. Des rapports sont également établis par région, par année d'études et par matière à l'intention de diverses parties prenantes (les chefs d'établissement, les enseignants, les parents d'élèves et les parents d'élèves ayant des déficiences intellectuelles, par exemple). Les rapports sont rédigés en sept langues, vu la diversité ethnique du pays ; des rapports techniques et thématiques sont publiés sur des sujets tels que l'équité dans l'éducation, l'éducation de la petite enfance et les tendances d'évolution longitudinale des acquis scolaires. Des bulletins d'information, des dossiers sur les orientations politiques, des vidéoconférences et des infographies expliquent comment utiliser et interpréter les résultats des évaluations nationales (Ministère de l'Éducation, 2019).

TRANSPARENCE ET FACILITATION DES ANALYSES SUPPLÉMENTAIRES

Pour exploiter pleinement les informations recueillies, il convient de promouvoir la réalisation d'analyses supplémentaires, au-delà des analyses des principaux constats résumés à l'intention des parties prenantes. Le cadre conceptuel et les bases de données d'évaluations internationales à grande échelle sont librement accessibles sur Internet : toute personne désireuse de les analyser peut les consulter. C'est grâce à ce libre accès que Liu, Wilson et Paek (2008) ont comparé les différences de performance en mathématiques entre les filles et les garçons aux États-Unis lors de l'enquête PISA 2003 ; leurs analyses approfondies ont révélé des différences ténues en faveur des garçons sur les quatre échelles de compétence de culture mathématique.

Reimers (2003) a établi que les chercheurs avaient créé la demande d'évaluations à grande échelle en montrant qu'il existait une relation entre la performance des élèves et des facteurs socioéconomiques, des pratiques pédagogiques et des caractéristiques scolaires. Murillo et Román (2011) ont par exemple démontré que les résultats des élèves à des épreuves administrées en Amérique latine étaient supérieurs si leur établissement disposait de davantage d'infrastructures (bibliothèques, salles d'informatique, laboratoires, etc.) et de ressources pédagogiques (les catalogues de la bibliothèque, etc.).

Les résultats d'évaluations à grande échelle peuvent aussi ouvrir d'autres champs de recherche. Kanjee et Moloi (2014) se sont par exemple intéressés à la question de savoir si les enseignants utilisaient les résultats des évaluations administrées chaque année dans tous les établissements d'Afrique du Sud pour améliorer leurs pratiques pédagogiques. Les auteurs ont interrogé des enseignants et leur ont demandé de remplir un questionnaire pour comprendre les possibilités et les limites de l'utilisation de ces résultats dans l'amélioration des pratiques pédagogiques. Ils ont découvert que bon nombre d'enseignants ne savaient pas comment utiliser ces résultats et n'avaient connaissance d'aucune réforme, d'aucun changement dans les pratiques pédagogiques que ces résultats auraient pu inspirer. Ils ont proposé diverses initiatives pour aider les enseignants à apprendre comment utiliser ces résultats, notamment rédiger des descriptifs détaillés des savoirs et savoir-faire des élèves par niveau de compétence et ajouter dans les programmes de formation initiale et continue des enseignants des modules sur l'évaluation de l'apprentissage.

Les constats faits lors d'évaluations à grande échelle ont-ils des implications communes pour l'action publique ?

Des évaluations à grande échelle bien conçues et bien administrées peuvent éclairer les responsables politiques et les aider à étayer des politiques visant à améliorer l'apprentissage des élèves à plusieurs égards. Les constats faits lors d'évaluations à grande échelle peuvent influer sur la politique de l'éducation s'ils concourent à la définition claire de normes de performance des élèves et des systèmes d'éducation qui jette les bases de la réforme des programmes de cours, à justifier la réaffectation des ressources, à orienter la modification des pratiques pédagogiques ou à promouvoir des politiques ou des pratiques qui visent à resserrer les liens scolaires et sociaux (Kellaghan, Greaney et Murray, 2009).

DÉFINITION CLAIRE DES NORMES

Les programmes de cours ou les normes d'apprentissage définissent ce que les élèves doivent en principe connaître, comprendre et pouvoir faire aux différents niveaux d'enseignement. Les évaluations nationales à grande échelle traduisent ces normes d'apprentissage en objectifs concrets et déterminent dans quelle mesure les élèves atteignent ces objectifs. Elles peuvent montrer que tous les élèves, certains d'entre eux, voire aucun d'entre eux n'atteignent ces objectifs dans des matières ou à des niveaux d'enseignement, ce qui peut donner lieu à des débats sur les possibilités à envisager pour améliorer l'enseignement, les ressources pédagogiques ou d'autres facteurs afin d'accroître la performance de l'ensemble des élèves ou de sous-groupes spécifiques d'élèves. L'encadré 2.7 illustre ce point par l'exemple du Brésil, où les évaluations nationales servent à suivre la progression sur la voie de la réalisation des objectifs nationaux d'apprentissage.

Les évaluations internationales à grande échelle donnent la possibilité de comparer les normes entre les pays. L'Allemagne a adopté de nouvelles normes d'apprentissage après les enquêtes PISA 2000 et PISA 2003 (Ertl, 2006). Ces deux enquêtes avaient en effet montré que les résultats étaient inférieurs aux attentes, que la performance variait sensiblement entre des groupes d'élèves et que des facteurs tels que le milieu socioéconomique des élèves et la condition d'allochtone expliquaient en partie les résultats des élèves. Ces constats ont

---

ENCADRÉ 2.7. Utilisation des résultats d'évaluations nationales dans le suivi des progrès sur la voie de la réalisation des objectifs nationaux d'apprentissage : l'exemple du Brésil

Le Brésil administre plusieurs évaluations à grande échelle, notamment l'Avaliação Nacional do Rendimento Escolar basée sur un recensement et l'Avaliação Nacional da Educação Básica basée sur des échantillons d'élèves. Ces évaluations sont administrées en 5e, en 9e et en 12e année dans l'enseignement public et privé. Toutes deux portent sur les connaissances et compétences en portugais et en mathématique, mais la seconde porte aussi sur d'autres matières. Comme ces évaluations couvrent la grande majorité des élèves du pays et que leurs résultats sont comparables dans le temps, elles sont utilisées dans le cadre de la responsabilisation à l'échelle du système.

Le Gouvernement fédéral a défini des objectifs nationaux à atteindre dans un délai imparti. Certains de ces objectifs portent sur le niveau de compétence à atteindre en portugais et en mathématiques à la fin de l'enseignement secondaire. Les résultats de ces évaluations servent à produire des indicateurs nationaux sur ces objectifs d'apprentissage et donnent aux parties prenantes des informations sur la mesure dans laquelle le système d'éducation les atteint.

En portugais, l'objectif à atteindre d'ici à 2022 est de parvenir à un pourcentage d'élèves ayant appris ce qu'il est prévu d'apprendre à leur âge qui soit égal ou supérieur à 70 %. Les progrès sur la voie de la réalisation de cet objectif sont suivis à l'aide d'un indicateur dérivé des évaluations, à savoir le pourcentage d'élèves dont le score est supérieur à celui jugé approprié à la fin de l'enseignement secondaire. Ce pourcentage d'élèves au-dessus du niveau défini progresse de 0,49 point de pourcentage par an en moyenne et était égal 27 % en 2017, signe que l'objectif fixé à l'horizon 2022 est loin d'être atteint (Paes de Barros et al., 2017).

justifié l'adoption de nouvelles normes d'apprentissage et de nouveaux critères de performance, avec une priorité aux compétences devant être acquises par tous les élèves à la fin des différentes années d'études.

Lockheed, Prokic-Breuer et Shadrova (2015) ont eux aussi établi que des évaluations internationales à grande échelle avaient influé sur les normes d'apprentissage en vigueur dans des pays en développement. Le Kirghizistan a par exemple adopté de nouvelles normes d'apprentissage et amélioré le contenu et la progressivité de son programme de cours national après avoir participé à l'enquête PISA.

Les évaluations internationales à grande échelle aident aussi à prévoir des trajectoires possibles d'amélioration par rapport à des normes définies au fil du temps. Les enquêtes PISA, TIMSS et PIRLS permettent aux pays participants de comparer l'évolution du score moyen et des profils de compétence des élèves dans le temps grâce à des techniques psychométriques sophistiquées. Il y a par exemple dans le rapport sur l'enquête PISA 2018 un graphique retraçant l'évolution des pourcentages d'élèves peu performants et très performants en compréhension de l'écrit entre 2009 et 2018 (voir le graphique 2.1). Il ressort de cette comparaison longitudinale que le pourcentage d'élèves peu performants a diminué et que le pourcentage d'élèves très performants a augmenté au fil du temps en Chine, en Fédération de Russie, en Irlande, à Macao RAS, Chine), au Moldova, au Qatar et en Slovénie (OCDE, 2019a).

ÉLÉMENTS À L'APPUI DE LA RÉFORME DES PROGRAMMES DE COURS

Les évaluations nationales à grande échelle peuvent donner aux professionnels de l'éducation et aux responsables politiques un cadre conceptuel précieux et un système de référence à utiliser pour évaluer les programmes de cours et les comparer dans le temps (Greaney et Kellaghan, 2008). Lors de la conception d'évaluations nationales, les responsables politiques et les spécialistes des programmes de cours peuvent repérer des différences entre les connaissances et compétences inscrites au programme et celles effectivement enseignées. Un instrument d'évaluation bien conçu peut donc justifier en soi la réforme du programme de cours.

Les résultats des élèves aux évaluations à grande échelle peuvent inspirer de nouveaux aspects à intégrer dans le programme de cours et les manuels. Une évaluation peut par exemple fournir des éléments qui montrent que les résultats des élèves ne sont pas conformes aux objectifs fixés, car certains aspects sont mal couverts dans une ou plusieurs matières (voir l'encadré 2.8).

Cette évolution peut justifier la révision des manuels scolaires ou pédagogiques, comme ce fut le cas en Jordanie après la participation aux enquêtes TIMSS et PISA (voir l'encadré 2.9).

ÉLÉMENTS À L'APPUI DE L'AFFECTATION DES RESSOURCES

Les évaluations à grande échelle sont administrées pour plusieurs raisons, dont l'une est de comprendre comment affecter au mieux des moyens limités pour produire l'effet le plus important sur les résultats scolaires (Kellaghan, Greaney et Murray, 2009). Les résultats agrégés de l'évaluation administrée en 2007 par le Consortium de l'Afrique australe et orientale pour le pilotage de la qualité de

GRAPHIQUE 2.1. Programme international pour le suivi des acquis des élèves : évolution des pourcentages d'élèves peu performants et très performants en compréhension de l'écrit entre 2009 et 2018

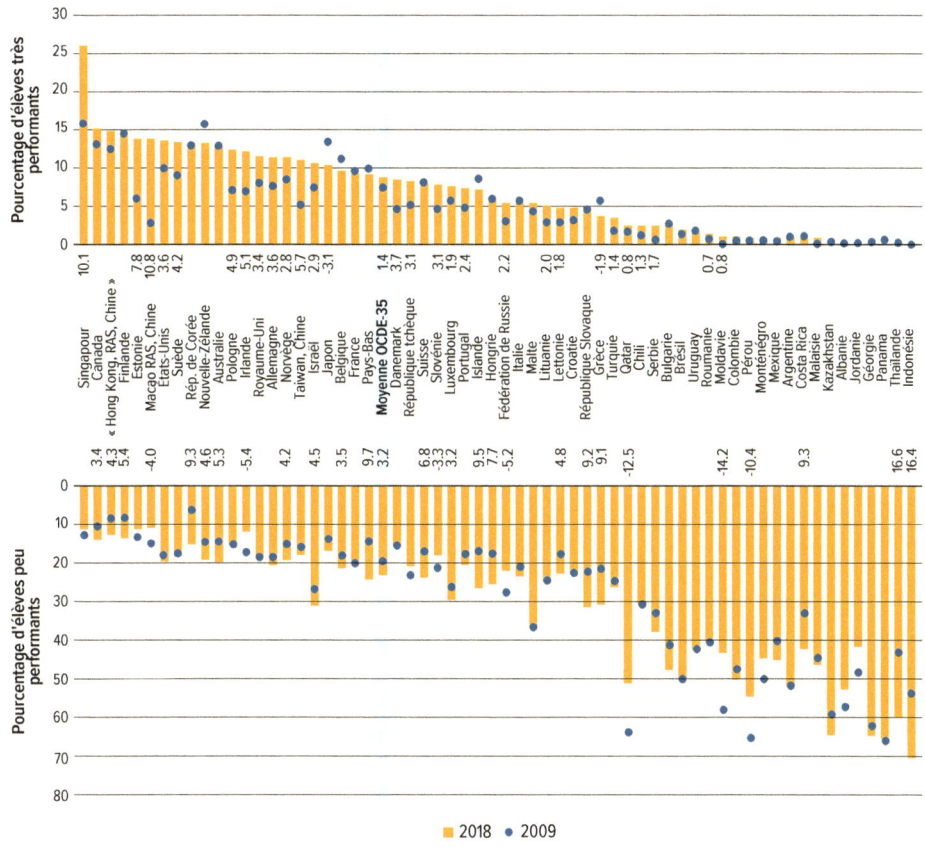

Source : OCDE 2019a.

l'éducation (SACMEQ) ont par exemple révélé que 61 % seulement des élèves testés avaient accès à une bibliothèque dans leur classe ou leur établissement (Hungi *et al.*, 2011) et que 42 % d'entre eux avaient un manuel de lecture et 41 %, un manuel de mathématiques.

Les constats faits lors d'évaluations à grande échelle peuvent influer sur la répartition temporaire ou permanente des ressources dans le système, dans des secteurs particuliers ou dans des établissements dont des caractéristiques sont associées à de piètres résultats aux épreuves. Popova, Evans et Arancibia (2016) ont établi la pertinence des ressources pédagogiques dans les pays en développement après un examen systématique des effets positifs des manuels pédagogiques et scolaires et autres dossiers fournis aux enseignants sur les résultats des élèves à des évaluations à grande échelle.

> **ENCADRÉ 2.8. La réforme du système de l'éducation sur la base de l'évaluation nationale des acquis scolaires : l'exemple du Népal, 2018**
>
> Le Népal administre une évaluation nationale depuis 2011 dans des années d'études différentes à chaque édition. En 2018, des épreuves de népalais et de mathématiques ont été administrées en 5e année et un questionnaire contextuel a été rempli par les élèves, les enseignants et les chefs d'établissement dans 1 400 établissements du pays.
>
> L'évaluation nationale a révélé que dans l'ensemble, le programme de cours prévu n'était pas tout à fait celui enseigné en classe. Il a été recommandé de revoir le programme de cours, les méthodes pédagogiques, le système d'incitation des enseignants et l'environnement d'apprentissage après cette évaluation.
>
> Les résultats de cette évaluation ont également aidé les experts à déceler des différences sensibles de performance entre les provinces et les districts ainsi que selon le milieu socioéconomique des élèves, leur sexe et le type de leur établissement. Parmi les autres facteurs contextuels associés à la performance des élèves, citons le feed-back sur les devoirs, le harcèlement en milieu scolaire, les différences d'âge et d'années d'études et la participation à des activités extrascolaires. Les experts ont recommandé d'améliorer les infrastructures scolaires et la répartition des ressources, de soutenir des initiatives visant à promouvoir la scolarisation des filles et la participation à des activités parascolaires à l'appui de l'apprentissage dans les écoles communautaires (Kafle, Acharya et Acharya, 2019).

> **ENCADRÉ 2.9. La réforme du programme de cours motivée par des évaluations internationales à grande échelle : l'exemple de la Jordanie**
>
> C'est dans l'intention d'améliorer la qualité de son système d'éducation que la Jordanie a commencé à participer à des évaluations internationales à grande échelle dans les années 1990. Le pays s'est employé à scruter les systèmes d'éducation des pays en tête du classement des enquêtes TIMSS et PISA et a organisé des visites d'étude dans ces pays pour en découvrir davantage sur leur politique d'éducation et leurs pratiques pédagogiques. Cette approche comparative a permis à la Jordanie de définir des valeurs de référence probantes, d'apporter des changements à ses évaluations nationales compte tenu des meilleures pratiques et de proposer une réforme stratégique axée sur la révision du programmes de cours et de la formation des enseignants (Abdul-Hamid, Abu-Lebdeh et Patrinos, 2011 ; Obeidat et Dawani, 2014). La Jordanie a étoffé son programme de cours, notamment en lien avec l'économie du savoir, et a défini un nouveau cadre de référence, y ajoutant des compétences académiques, transversales (en matière de communication, par exemple) et personnelles (sens des responsabilité, esprit d'équipe, etc.). Ce nouveau cadre insiste sur la nécessité de faire en sorte que les connaissances et les compétences enseignées soient applicables dans les situations de la vie réelle (Obeidat et Dawani, 2014).

GRAPHIQUE 2.2. Évolution des résultats de l'enquête PISA en Colombie entre 2006 et 2018

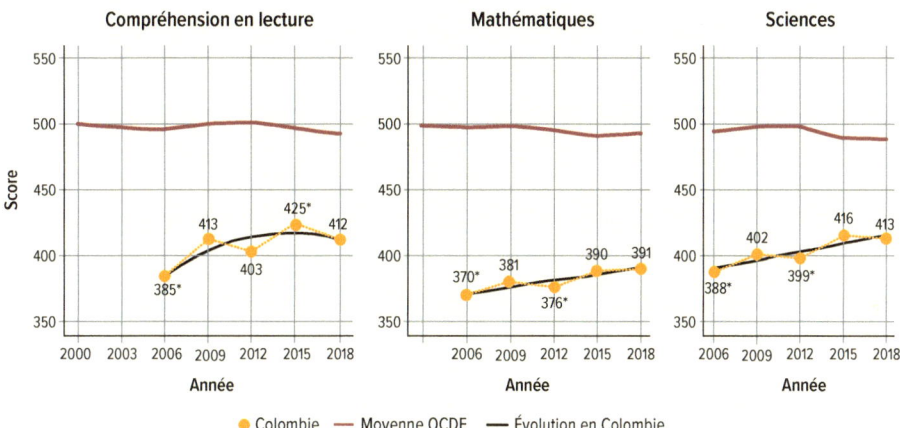

Source : OCDE 2019c.

Remarque : le symbole « * » indique que le score moyen estimé de la Colombie est supérieur ou inférieur à son score estimé lors de l'enquête PISA 2018 dans une mesure statistiquement significative. OCDE = Organisation de développement et coopération économiques.

Les constats faits lors d'évaluations peuvent également aider à affecter des ressources à des établissements spécifiques pour combler les écarts de score. La Colombie a par exemple lancé en 2011 le Programa Todos a Aprender en vue d'améliorer les résultats scolaires des élèves dans les établissements peu performants. Ce programme a été conçu sur la base des résultats de l'évaluation nationale à grande échelle, Pruebas Saber (Instituto Colombiano para la Evaluación de la Educación, 2019), et d'évaluations internationales telles que l'enquête PISA auxquelles le pays a participé. Il vise principalement à améliorer la qualité de l'enseignement qui est évaluée en fonction des scores en langue et en mathématiques. Il prévoit à cet effet de fournir du matériel pédagogique contextualisé, d'accompagner les enseignants et d'étoffer leur formation, d'aider les chefs d'établissement dans leurs fonctions de gestion et d'améliorer la qualité des infrastructures scolaires (Diaz, Barreira et Pinheiro, 2015). Les élèves colombiens sont plus performants aux épreuves PISA depuis le lancement de ce programme et d'autres initiatives visant à améliorer la qualité de l'enseignement et l'équité dans l'éducation (voir le graphique 2.2).

ÉLEMENTS À L'APPUI DES PRATIQUES PÉDAGOGIQUES ET DE LA FORMATION DES ENSEIGNANTS

Les résultats des évaluations à grande échelle peuvent également servir à déterminer les changements à apporter dans les pratiques pédagogiques et la formation des enseignants (voir l'encadré 2.10). Des évaluations nationales à

> **ENCADRÉ 2.10. L'utilisation des évaluations à grande échelle dans le feed-back sur les pratiques pédagogiques : l'exemple de l'Argentine**
>
> L'expérience dans certains pays d'Amérique latine montre à quel point il est utile de communiquer les résultats des évaluations à grande échelle aux chefs d'établissement, aux enseignants et aux élèves. De Hoyos, Ganimian et Holland (2019) ont par exemple établi qu'en Argentine, les élèves dont les enseignants avaient reçu un feed-back diagnostique sur la base des résultats d'évaluations à grande échelle étaient plus performants que ceux dont les enseignants n'avaient pas reçu de feed-back diagnostique.
>
> Les élèves dont les enseignants reçoivent un feed-back sur le niveau de compétence des élèves disent que leurs enseignants consacrent plus de temps à l'enseignement et organisent davantage d'activités pédagogiques en classe. Dans les établissements où les enseignants reçoivent un feed-back diagnostique, les chefs d'établissement sont plus susceptibles d'utiliser les résultats d'évaluation pour prendre des décisions, notamment définir les objectifs pédagogiques de leur établissement, actualiser le programme de cours et gérer le personnel. Des retombées comparables, qui soulignent les vertus du feed-back diagnostique, sont rapportées au Mexique (De Hoyos, Garcia-Moreno et Patrinos, 2017).

grande échelle ont par exemple contribué à détecter des lacunes dans les connaissances des enseignants dans leurs matières et établi un lien entre ces lacunes et une performance moindre des élèves. La formation initiale et continue des enseignants permet de combler ces lacunes dans des domaines essentiels.

Les résultats de 2014 du Programme d'analyse des systèmes éducatifs (PASEC) de la Conférence des ministres de l'Éducation des États et gouvernements de la Francophonie (CONFEMEN) ont révélé de grandes différences dans la formation initiale des enseignants dans des pays francophones en Afrique.

Il en ressort par exemple que 67 % des enseignants en poste dans les premières années de l'enseignement primaire n'ont suivi aucune formation initiale au Togo, mais que plus de 72 % d'en eux ont en suivi une pendant deux ans au moins avant leur entrée en fonction au Burundi (PASEC, 2015). Selon le rapport d'évaluation, les enseignants les plus expérimentés tendent à être affectés dans les dernières années de l'enseignement primaire, alors que les enseignants moins expérimentés commencent à enseigner dans les premières années de ce niveau d'enseignement. Certains pays se sont appuyés sur ces constats pour promouvoir l'amélioration de la formation initiale ou continue des enseignants, ou pour mieux répartir les enseignants entre les années d'études. L'utilisation des résultats d'évaluation dans l'amélioration de la formation des enseignants s'inscrit dans une tendance plus générale qui s'observe dans la politique de l'éducation, à savoir abandonner la dimension des intrants, soit le nombre d'enseignants diplômés, pour privilégier celle des extrants, soit le rendement de l'apprentissage. Les pays très performants dans les évaluations internationales à grande échelle sont généralement ceux qui ont investi dans la conception de programmes rigoureux de formation initiale et continue des enseignants sur la base d'éléments scientifiques probants (Wei *et al.*, 2009).

RENFORCEMENT DES LIENS SCOLAIRES ET SOCIAUX

Les résultats des évaluations à grande échelle peuvent donner plus d'importance au soutien familial et social, un facteur qui influe sur la performance des élèves. Les responsables politiques peuvent les utiliser pour concevoir des stratégies qui renforcent les liens entre la vie scolaire et la vie familiale. Selon les résultats de l'évaluation de la littératie et de la numératie administrée en 2018 dans des pays insulaires du Pacifique (Pacific Islands Literacy and Numeracy Assessment, PILNA), 50 % des élèves avouent qu'ils n'ont jamais ou presque jamais quelqu'un qui les aide à faire leurs devoirs ou à les corriger. Ces résultats peuvent amener les responsables politiques à promouvoir une plus grande implication des parents dans les devoirs et les leçons de leur enfant à domicile, sachant qu'une association positive a été établie entre cette implication parentale et la performance des élèves dans la PILNA et d'autres évaluations à grande échelle [Programme pour l'évaluation et la qualité de l'enseignement (EQAP), 2019].

Idées maîtresses

- Les parties prenantes doivent être étroitement associées à la planification, à la conception et à l'administration des évaluations à grande échelle, en particulier lorsque les résultats de ces évaluations risquent bien de remettre en cause des politiques ou des pratiques en vigueur.
- Les épreuves des évaluations à grande échelle doivent être représentatives des matières et des objectifs d'apprentissage visés pour fournir le plus d'informations possible à exploiter dans l'analyse des politiques et pratiques scolaires.
- Les informations sur les facteurs non cognitifs (les facteurs sociodémographiques, familiaux et scolaires, par exemple) en rapport avec le niveau de compétence des élèves peuvent justifier de revoir des politiques et pratiques en vue d'améliorer le rendement de l'apprentissage et l'équité dans l'éducation.
- Les évaluations à grande échelle sont en principe conformes aux meilleures pratiques si elles sont conçues et administrées par des équipes bien formées, rompues aux aspects techniques, de sorte que leurs résultats inspirent davantage confiance aux parties prenantes.
- Les résultats des évaluations à grande échelle doivent être rendus publics en temps opportun et doivent pour être compris présentés aux parties prenantes dans un langage clair, à leur portée, et d'une façon qui répondent à leurs besoins d'informations. Les bases de données et les informations techniques doivent être accessibles librement aux fins d'analyses secondaires.
- Les résultats des évaluations à grande échelle peuvent influer sur la politique de l'éducation, dans la mesure où ils peuvent être mis à contribution pour définir les normes d'apprentissage, motiver la révision des programmes de cours, modifier la répartition des ressources, suivre l'évolution sur la voie de la réalisation des objectifs d'apprentissage, introduire des changements dans les pratiques pédagogiques et la formation des enseignants et choisir les approches à retenir pour améliorer les liens scolaires et familiaux à l'appui de l'apprentissage.

Références

Abdul-Hamid, Husein, Khattab Abu-Lebdeh, and Harry Patrinos. 2011. "Assessment Testing Can Be Used to Inform Policy Decisions." Policy Research Working Papers, WPS5890. World Bank Group, Washington, DC. http://dx.doi.org/10.1596/1813-9450-5890.

AERA (American Educational Research Association), APA (American Psychological Association), and NCME (National Council on Measurement in Education). 2014. *Standards for Educational and Psychological Testing*. Washington, DC: AERA.

De Hoyos, Rafael, Alejandro J. Ganimian, and Peter A. Holland. 2019. *Teaching with the Test: Experimental Evidence on Diagnostic Feedback and Capacity-Building for Schools in Argentina*. Washington, DC: World Bank.

De Hoyos, Rafael, Vicente A. Garcia-Moreno, and Harry A. Patrinos. 2017. "The Impact of an Accountability Intervention with Diagnostic Feedback: Evidence from Mexico." *Economics of Education Review* 58: 123–40.

Diaz, Sandra, Carlos Barreira, and Maria del Rosario Pinheiro. 2015. "Evaluación del Programa Todos a Aprender: Resultados de la Evaluación de Contexto." *Revista de Estudios e Investigación en Psicología y Educación* 10 (10): 55–59.

Ertl, Hubert 2006. "Educational Standards and the Changing Discourse on Education: The Reception and Consequences of the PISA Study in Germany." *Oxford Review of Education* 32 (5): 619–34.

Ferrer, Guillermo, and Patricia Arregui. 2003. *Las Pruebas Internacionales de Aprendizaje en América Latina y su Impacto en la Calidad de la Educación: Criterios para Guiar Futuras Aplicaciones*. Lima, Peru: GRADE.

Flockton, Lester. 2012. *The Development of the Student Assessment System in New Zealand*. Washington, DC: World Bank Group.

Greaney, Vincent, and Thomas Kellaghan. 2008. *National Assessments of Educational Achievement, Volume 1: Assessing National Achievement Levels in Education*. Washington, DC: World Bank.

Hungi, Njora, Demus Makuwa, Kenneth Ross, Mioko Saito, Stephanie Dolata, Frank van Capelle, Laura Paviot, and Jocelyne Vellien. 2011. "SACMEQ III Project Results: Levels and Trends in School Resources among SACMEQ School Systems." http://www.sacmeq.org/sites/default/files/sacmeq/reports/sacmeq-iii/working-documents/levels_and_trends_in_school_resources_fin2.pdf.

Instituto Colombiano para la Evaluación de la Educación. 2019. "La Prueba Saber 3°, 5° y 9° en 2017. Los Resultados a Nivel Estudiante y los Factores Asociados al Aprendizaje." https://www.icfes.gov.co/edicion-28-boletin-saber-en-breve#https://www.icfes.gov.co/web/guest/saber-3-5-y-9.

Instituto Nacional para la Evaluación de la Educación. 2015. *Manual Técnico del Plan Nacional para la Evaluación de los Aprendizajes PLANEA 2015. Sexto de Primaria y Tercero de Secundaria*. México: Instituto Nacional para la Evaluación de la Educación.

Kafle, Badusev, Shyam Prasad Acharya, and Deviram Acharya. 2019. *National Assessment of Student Achievement 2018: Main Report*. Nepal: Education Review Office. http://www.ero.gov.np/article/303/nasa-report-2018.html.

Kanjee, Anil, and Qetelo Moloi. 2014. "South African Teachers' Use of National Assessment Data." *South African Journal of Childhood Education* 4 (2): 90–113.

Kellaghan, Thomas, Vincent Greaney, and Scott Murray. 2009. *National Assessments of Educational Achievement, Volume 5: Using the Results of a National Assessment of Educational Achievement.* Washington, DC: World Bank.

Liu, Ou Lydia, Mark Wilson, and Insu Paek. 2008. "A Multidimensional Rasch Analysis of Gender Differences in PISA Mathematics." *Journal of Applied Measurement* 9 (1): 18–35.

Lockheed, Marlaine, Tijana Prokic-Breuer, and Anna Shadrova. 2015. *The Experience of Middle-Income Countries Participating in PISA 2000–2015.* Washington, DC, and Paris, France: World Bank and OECD Publishing. doi:10.1787/9789264246195-en.

Ministerio de Educación. 2019. *Oficina de Medición de la Calidad de los Aprendizajes: Evaluación.* http://umc.minedu.gob.pe/ece2018/#1553619963598-f0a822b6-7323.

Ministry of Education, Ghana Education Service, and NAEU (National Education Assessment Unit). 2016. *Ghana 2016 Education Assessment. Report of Findings.* https://sapghana.com/data/documents/2016-NEA-Findings-Report_17Nov2016_Public-FINAL.pdf.

Mullis, Ina V. S., Michael O. Martin, Pierre Foy, and Martin Hooper. 2016. *TIMSS 2015 International Results in Mathematics.* Chestnut Hill, MA: TIMSS and PIRLS International Study Center. http://timssandpirls.bc.edu/timss2015/international-results/.

Murillo, Javier, and Marcela Román. 2011. "School Infrastructure and Resources Do Matter: Analysis of the Incidence of School Resources on the Performance of Latin American Students." *School Effectiveness and School Improvement* 22 (1): 29–50.

Obeidat, Osamha, and Zaina Dawani. 2014. *Disseminating and Using Student Assessment Information in Jordan.* Washington, DC: World Bank Group.

OECD (Organisation for Economic Co-operation and Development). 2019a. *PISA 2018 Results, Volume I. What Students Know and Can Do.* Paris, France: OECD Publishing. https://www.oecd.org/pisa/publications/pisa-2018-results-volume-i-5f07c754-en.htm.

OECD (Organisation for Economic Co-operation and Development). 2019b. *Results from PISA 2018. Country Note for the Philippines.* Paris, France: OECD Publishing. https://www.oecd.org/pisa/publications/PISA2018_CN_PHL.pdf.

OECD (Organisation for Economic Co-operation and Development). 2019c. *Results from PISA 2018. Country Note for Colombia.* Paris, France: OECD Publishing. https://www.oecd.org/pisa/publications/PISA2018_CN_COL.pdf.

Pacific Community Educational Quality and Assessment Programme. 2019. *Pacific Islands Literacy and Numeracy Assessment 2018: Regional Report.* https://research.acer.edu.au/ar_misc/31.

Paes de Barros, Ricardo, Mirela de Carvalho, Samuel Franco, Beatriz García, Ricardo Henriques, and Laura Machado. 2017. "Assessment of the Impact of the *Jovem de Futuro* Program on Learning." http://documents1.worldbank.org/curated/en/825101561723584640/pdf/Assessment-of-the-Impact-of-the-Jovem-de-Futuro-Program-on-Learning.pdf.

PASEC (Programme d'Analyse des Systèmes Éducatifs de la CONFEMEN). 2015. *Education System Performance in Francophone Sub-Saharan Africa. Competencies and Learning Factors in Primary Education.* Dakar, Senegal: PASEC.

Popova, Anna, David K. Evans, and Violeta Arancibia. 2016. "Training Teachers on the Job: What Works and How to Measure It." Policy Research Working

Paper 7834. World Bank, Washington, DC. https://openknowledge.worldbank.org/bitstream/handle/10986/25150/Training0teach0nd0how0to0measure0it.pdf.

Reimers, Fernando 2003. "The Social Context of Educational Evaluation in Latin America." In *International Handbook of Educational Evaluation,* edited by T. Kellaghan and D. L. Stufflebeam, 441–64. Boston, MA: Kluwer Academic Publishers.

Research Institute for Educational Sciences. 2018. *National Assessment of Student Learning Outcomes (ASLO IV)*. Vientiane, Lao People's Democratic Republic: Ministry of Education and Sports.

Wei, Ruth Chung, Linda Darling-Hammond, Alethea Andree, Nikole Richardson, and Stelios Orphanos. 2009. "Professional Learning in the Learning Profession: A Status Report on Teacher Development in the United States and Abroad." Dallas, TX: National Staff Development Council. http://edpolicy.stanford.edu.

Chapitre 3
QUELLES SONT LES RESSOURCES NÉCESSAIRES À LA MISE EN ŒUVRE DES ÉVALUATIONS À GRANDE ÉCHELLE ?

Pour s'assurer que la qualité des résultats des évaluations à grande échelle est suffisante pour répondre aux besoins d'information des différentes parties prenantes et éclairer les processus décisionnels, les activités d'évaluation doivent être mises en œuvre dans un contexte institutionnel approprié, bénéficier d'un financement adéquat et être menées à bien par un personnel doté des qualifications et de l'expertise requises (Greaney et Kellaghan, 2008). Bien que ce chapitre évoque ces questions dans le contexte d'un exercice national d'évaluation à grande échelle, nombre des points abordés sont tout aussi pertinents pour d'autres types d'évaluations à grande échelle.

Qui participe à la planification d'une évaluation nationale à grande échelle ?

MINISTÈRE DE L'ÉDUCATION
Dans la plupart des pays, le ministère de l'Éducation est directement impliqué dans l'élaboration des politiques qui sous-tendent le programme d'évaluation nationale à grande échelle. Il est en général aussi une source essentielle de financement des activités d'évaluation de ce type, et joue un rôle important dans les décisions concernant les questions politiques abordées dans les évaluations, la fréquence d'administration des évaluations et les populations cibles à évaluer (Greaney et Kellaghan, 2012).

Bien que le ministère de l'Éducation définisse la cadre stratégique global et les lignes directrices des évaluations nationales à grande échelle, c'est souvent un organisme externe qui est chargé de leur mise en œuvre, ce qui contribue à garantir l'impartialité de l'administration des épreuves et de la communication des résultats. En Arabie saoudite, c'est par exemple un groupe au sein de la Commission d'évaluation de l'éducation et de la formation, entité distincte du ministère de l'Éducation, qui est en charge du développement et de l'administration de l'Évaluation nationale des acquis des élèves (encadré 3.1). Dans certains cas, la mise en œuvre peut être du ressort d'une unité technique au sein du ministère de l'Éducation. L'encadré 3.2 décrit ainsi la relation entre le ministère malaisien de l'Éducation et le Syndicat malaisien des examens, unité technique chargée, au sein du ministère, de développer et de mettre en œuvre tous les examens et évaluations nationaux à grande échelle. Malgré les différences dans leurs

---

ENCADRÉ 3.1. Commission saoudienne d'évaluation de l'éducation et de la formation

En 2017, l'ancienne Autorité d'évaluation de l'éducation est devenue la Commission d'évaluation de l'éducation et de la formation (Education and Training Evaluation Commission [ETEC]). L'ETEC est chargée de l'évaluation et de l'accréditation des programmes d'éducation et de formation en Arabie saoudite. Elle est indépendante du ministère de l'Éducation sur le plan juridique, financier et administratif, et relève directement du Premier ministre.

Elle a le pouvoir d'évaluer, de mesurer et d'accréditer les qualifications dans le domaine de l'éducation et de la formation pour les secteurs public et privé, dans le but d'améliorer leur qualité, leur efficacité et leur contribution au service de l'économie et du développement national.

Les principales responsabilités de l'ETEC sont les suivantes :
- Définir les normes nationales pour les évaluations éducatives, la formation et les programmes de cours de l'enseignement général.
- Promouvoir le travail et les services de mesure et de test dans le système d'éducation et de formation.
- Réaliser des évaluations et des accréditations institutionnelles dans le système d'éducation et de formation.
- Agréer les professionnels de l'éducation et de la formation.
- Évaluer les performances des établissements et programmes d'éducation et de formation débouchant sur une qualification.
- Mettre les résultats des évaluations des programmes d'éducation et de formation au service de l'amélioration de leur qualité et de leur contribution à l'économie et au développement national.
- Développer des indicateurs clés, fournir conseils et avis, mener des recherches et soutenir l'innovation.

Source : Adapté de Commission saoudienne d'évaluation de l'éducation et de la formation, 2020.

> **ENCADRÉ 3.2. Ministère malaisien de l'Éducation et Syndicat malaisien des examens**
>
> Le Syndicat malaisien des examens (Malaysian Examinations Syndicate [MES]), unité de la Direction générale de l'éducation du Ministère de l'Éducation, créée par voie législative en 1956, est chargé de la planification, du développement et de l'administration des évaluations et examens nationaux à grande échelle.
>
> Les évaluations et examens standardisés mis en œuvre par le MES sont les suivants :
>
> - Examen de fin d'études primaires (programme d'évaluation nationale à grande échelle)
> - Certificat d'études secondaires de la Malaisie
> - Certificat d'études secondaires professionnelles de la Malaisie
> - Certificat d'études post-secondaires non tertiaires de la Malaisie
> - Certificat d'études post-secondaires en religion islamique de la Malaisie
>
> Les évaluations et examens développés par le MES se basent sur le programme de cours national et les objectifs d'apprentissage de la Malaisie. Le MES conseille et soutient également les enseignants en leur proposant des possibilités de formation continue et des contenus pour les évaluations scolaires, et établit des directives et instructions pour l'administration des évaluations.
>
> Les principales responsabilités du MES sont les suivantes :
>
> - Définir des politiques d'évaluation et de test éducatifs, fondées sur la philosophie de l'éducation nationale et les objectifs du programme de cours.
> - Établir des spécifications pour les évaluations et tests éducatifs, les méthodes d'administration, les formulaires de rapport et les outils de contrôle de la qualité.
> - Développer des outils de test et d'évaluation, ainsi que des méthodes de correction, afin d'évaluer les élèves en fonction du programme de cours.
> - Assurer la coordination, la production, l'impression et la diffusion du matériel d'évaluation et d'examen.
> - Assurer la gestion logistique et l'administration des évaluations et examens.
> - Effectuer des tâches de saisie et de nettoyage des données, réviser et calculer des statistiques, et communiquer les résultats.
> - Mener des recherches afin d'améliorer la qualité de l'évaluation de l'éducation et de la certification.
> - Proposer des services d'aide et de conseil en matière d'évaluations éducatives.
> - Administrer les évaluations et examens, et veiller à l'application des règles et directives y afférentes.
>
> *Source :* Adapté de Ministère malaisien de l'Éducation, 2020.

structures institutionnelles et la portée générale de leurs activités, le Syndicat malaisien des examens et la Commission saoudienne d'évaluation de l'éducation et de la formation ont des responsabilités similaires en ce qui concerne le travail qu'ils sont censés accomplir dans le cadre du programme d'évaluation nationale à grande échelle de leur pays.

COMITÉ NATIONAL DE PILOTAGE

Les ministères de l'Éducation mettent en général en place un comité national de pilotage, chargé d'assurer un rôle de supervision, d'orientation et de retour d'information durant la phase de planification d'une évaluation nationale à grande échelle, et de veiller à la cohérence de l'approche conceptuelle avec les objectifs fixés et les besoins d'information des principales parties prenantes. Les membres de ce comité ont pour mission de définir les priorités et de s'assurer que les évaluations conservent une orientation appropriée, conforme à leurs objectifs et à leur finalité. La nomination d'un comité national de pilotage revêt en outre une importance symbolique, car il confère visibilité et crédibilité aux activités d'évaluation aux yeux des principales parties prenantes, et influe donc ainsi sur leur implication et leur utilisation des résultats d'évaluation (Greaney et Kellaghan, 2008).

En termes de taille et de représentativité, le comité de pilotage doit trouver un juste équilibre : il doit être suffisamment important pour garantir la représentation des besoins des principales parties prenantes, mais sa taille ne doit pas être une entrave à la logistique, ni son coût l'empêcher de se réunir autant que nécessaire. Parmi les membres du comité figurent généralement : des représentants du ministère de l'Éducation ; des personnes représentant les intérêts des principaux groupes ethniques, religieux ou linguistiques ; ainsi que des représentants des principales parties prenantes censées avoir une influence sur les résultats d'évaluation, comme les enseignants et les experts chargés de la conception des programmes de cours (Greaney et Kellaghan, 2008).

Des chercheurs universitaires et des professeurs spécialistes des évaluations éducatives sont souvent choisis comme membres du comité national de pilotage. Ils apportent en effet tout leur corpus d'expériences et de connaissances aux discussions sur la conception et la mise en œuvre des évaluations, et veillent à ce que, sur le plan technique, les meilleures pratiques soient mobilisées à toutes les étapes du processus d'évaluation. Au Chili, des professeurs de la Pontificia Universidad Católica de Chile et des chercheurs associés à son Centre de mesure et d'évaluation en éducation, ont apporté leur soutien à des initiatives nationales et internationales d'évaluation à grande échelle dans le pays et à travers toute l'Amérique latine. Les professeurs et chercheurs proposent des formations dédiées, font des recommandations techniques sur les évaluations, en analysent les données et produisent des rapports techniques (encadré 3.3).

ÉQUIPE NATIONALE D'ÉVALUATION

Le Comité national de pilotage supervise et dirige une équipe de professionnels chargés de la conception et de l'administration de l'évaluation nationale à grande échelle. Dans le cadre de paramètres budgétaires et stratégiques fixés par le ministère de l'Éducation et le Comité national de pilotage, l'équipe nationale d'évaluation a généralement en charge les activités suivantes :

- Déterminer une stratégie d'évaluation (basée sur un recensement ou sur des échantillons)
- Identifier les domaines du programme à évaluer
- Élaborer le cadre d'évaluation et les items

> **ENCADRÉ 3.3.** Rôle du Centro de Medición MIDE UC de la Pontificia Universidad Católica de Chile dans le soutien aux initiatives nationales et internationales d'évaluation à grande échelle
>
> Le Centro de Medición MIDE UC de la Pontificia Universidad Católica de Chile (MIDE UC) a participé à différents projets d'évaluation éducative, que ce soit au Chili ou à l'international. Ce centre technique spécialisé propose des formations et un soutien à la recherche à plusieurs organismes d'évaluation et ministères de l'Éducation d'Amérique latine et des Caraïbes. Il propose notamment :
>
> - Des conseils sur la conception des normes de contenu et des cadres d'évaluation
> - Des formations et des ateliers dédiés sur les thèmes de l'évaluation et de la psychométrie
> - Le développement d'outils d'évaluation pour mesurer les apprentissages
> - Un soutien à l'utilisation des résultats d'évaluation pour l'amélioration des systèmes d'éducation.
>
> Le MIDE UC et la Pontificia Universidad Católica de Chile ont également soutenu les capacités techniques du Chili à long terme en mettant en place de nouveaux cours de troisième cycle dédiés à la méthodologie, à la psychométrie et à l'évaluation. Ces cours, dispensés par des experts, forment la prochaine génération de spécialistes de l'évaluation dont le Chili a besoin pour mener à bien ce travail spécialisé.
>
> Du fait de son expertise en matière d'évaluation et de psychométrie, le MIDE UC s'est trouvée très impliquée dans des initiatives régionales d'évaluation à grande échelle, telles que le Laboratorio Latinoamericano de Evaluación de la Calidad de la Educación.
>
> *Source :* MIDE UC, 2020.

- Tester et finaliser les instruments d'évaluation
- Élaborer, tester et finaliser les questionnaires contextuels accompagnant l'évaluation
- Déterminer les méthodes de collecte des données
- Rédiger les rapports et documents de communication des résultats
- Spécifier les modalités de diffusion des résultats afin de s'assurer que les parties prenantes puissent les exploiter et en tirer des enseignements
- Élaborer le calendrier des prochaines évaluations (par exemple, sur une base annuelle ou bisannuelle).

La composition des équipes chargées de la mise en œuvre des évaluations nationales à grande échelle varie considérablement. Tout en reconnaissant l'existence possible de restrictions législatives ou procédurales concernant les personnes habilitées à mettre en œuvre ce type d'évaluation, la structure de l'équipe nationale d'évaluation dépend principalement de la compétence et de la crédibilité de ses membres. L'équipe peut être composée de personnel du ministère de l'Éducation, de professeurs d'université, de personnes issues du secteur de la recherche, et de consultants nationaux ou internationaux susceptibles d'apporter une aide technique spécifique. Les membres de l'équipe d'évaluation doivent être considérés comme crédibles ; la sélection des personnes adéquates peut donc nécessiter certains compromis, dans la mesure où celles en qui le ministère et le comité de pilotage ont le plus confiance ne seront pas forcément les plus crédibles aux yeux du grand public ou d'autres parties prenantes (Greaney et Kellaghan, 2012).

La section suivante décrit les caractéristiques et responsabilités du personnel clé devant figurer au sein de l'équipe d'évaluation. Le lecteur est invité à consulter les volumes 1 et 3 de la série consacrée aux évaluations nationales des résultats d'éducation pour plus d'informations sur la composition des équipes nationales d'évaluation (Greaney et Kellaghan, 2008, 2012).

PERSONNEL CLÉ

À la tête de l'équipe d'évaluation nationale à grande échelle se trouve le *coordinateur national*, qui chapeaute l'ensemble de l'évaluation et veille à ce que l'équipe respecte le budget, le calendrier et les orientations générales fixés par le Comité national de pilotage. Le coordinateur national assure également la supervision technique et un rôle d'orientation pour la mise en œuvre des activités d'évaluation. À ce titre, il doit être suffisamment familier des évaluations éducatives et des domaines de connaissance testés pour donner son avis et valider les décisions clés. Principal point de contact entre l'équipe d'évaluation, les représentants du Comité national de pilotage et les différentes parties prenantes, le coordinateur national doit jouir d'une bonne crédibilité et être en mesure de relever les défis politiques et techniques du processus d'évaluation (Greaney et Kellaghan, 2012).

En fonction de la portée de l'évaluation, ainsi que de son calendrier et de son budget, le Comité national de pilotage pourra nommer un *coordinateur national adjoint*, qui devra avoir une formation et une expérience spécialisées dans les aspects techniques de l'évaluation, afin d'assister le coordinateur national dans son travail. La principale responsabilité de ce coordinateur national adjoint sera de gérer les différents processus et facettes du développement et de la mise en œuvre de l'évaluation.

Des coordinateurs régionaux pourront venir s'intégrer aux équipes chargées de l'administration d'évaluations nationales à grande échelle dans les systèmes d'éducation plus vastes. Ils sont le principal point de contact entre les équipes d'évaluation et les établissements d'enseignement locaux participants de leur région. Ils gèrent en général la collecte des données, les communications, la formation et la diffusion des activités dans cette région.

Les rédacteurs d'items créent de nouveaux items d'évaluation conformes aux objectifs établis en matière d'apprentissage. Ils doivent être capables d'identifier les erreurs que font souvent les élèves afin de s'en inspirer pour la conception d'items qui permettront de déterminer les savoirs et savoir-faire des élèves dans des domaines spécifiques du programme. Les enseignants des années d'études et des matières ciblées par l'évaluation sont souvent recrutés pour la conception et la révision des items. Ils comprennent la façon dont les objectifs d'apprentissage sont enseignés en classe et ont des attentes réalistes concernant les résultats des élèves. Dans la mesure du possible, l'organisme chargé de la mise en œuvre de l'évaluation recrutera des enseignants dont l'expérience en classe est représentative de l'éventail d'expériences de la population d'élèves à évaluer.

Les concepteurs de tests analysent les domaines pertinents du programme, aident à l'élaboration des cadres d'évaluation et des plans de tests, mènent des études pilotes sur les tests et les items, et coordonnent la conception et la révision des items.

Les items d'évaluation doivent être rédigés et présentés clairement, de manière à ce que tous les élèves participants puissent les comprendre facilement. Dans de nombreux pays, il existe de fortes variations entre la langue principalement parlée par l'élève et la langue dans laquelle l'enseignement lui est dispensé à l'école ; dans de tels cas, les instruments d'évaluation doivent être traduits afin de limiter l'incidence de la barrière linguistique sur la performance des élèves. Bien qu'il soit difficile de garantir l'équivalence parfaite des instruments traduits, il est de la responsabilité des *traducteurs* de veiller à ce que les consignes et les items soient de la plus grande équivalence et clarté possibles. Les traducteurs contribuent également à l'élaboration du matériel de test et des rapports d'évaluation dans différentes langues. Il est important qu'ils aient une excellente maîtrise des langues concernées afin de garantir que les résultats des instruments traduits soient de qualité suffisante pour étayer les processus décisionnels. Les traducteurs doivent en outre avoir une certaine connaissance des contenus à traduire. Une bonne pratique consiste à disposer d'un minimum de deux traducteurs par langue.

L'équipe d'évaluation aura également besoin de *statisticiens* et de *psychométriciens*. Durant les étapes de planification de l'évaluation, les psychométriciens sont chargés de documenter la validité des items en cours de développement. Statisticiens et psychométriciens sont aussi nécessaires pour analyser les données des études pilotes et aider à la sélection d'items de qualité sur la base de leurs propriétés psychométriques. Les statisticiens peuvent contribuer à la mise en place de stratégies d'échantillonnage robustes, afin de garantir la sélection d'un échantillon représentatif d'élèves. Une fois les données collectées, ces spécialistes peuvent contribuer au nettoyage des données et à la préparation des fichiers, à l'élaboration des poids d'échantillonnage, à l'analyse des données et à l'interprétation des résultats.

L'administration d'une évaluation nationale à grande échelle requiert une gestion rigoureuse et consciencieuse des données. *Les gestionnaires de données* garantissent l'exactitude des données collectées durant l'évaluation, et gèrent le traitement et le nettoyage des réponses, le codage correct de celles-ci, ainsi que la maintenance des données des tests et questionnaires. Pour ce faire, ils peuvent coordonner et superviser plusieurs *enregistreurs de données*, chargés de la saisie rapide et précise des données. Les gestionnaires de données veillent en outre à ce que les fichiers de données soient propres, annotés et identifiés de manière adéquate en vue des références ou analyses futures.

Les graphistes contribuent à l'élaboration des tests et rapports afin de garantir leur aspect professionnel, et conçoivent les représentations visuelles dans les carnets de test, les illustrations accompagnant les items, ainsi que les diagrammes et graphiques dans les rapports aux parties prenantes et autres documents publiés.

Des *administrateurs de test* compétents sont essentiels au succès des évaluations nationales à grande échelle. Ils doivent veiller à ce que tous les élèves respectent systématiquement les protocoles d'évaluation, qu'enseignants et personnel de l'établissement ne soient pas présents lors de l'administration des tests, que le matériel de test soit distribué et collecté uniquement auprès des élèves sélectionnés pour passer l'évaluation, que toutes les consignes soient transmises clairement, que les élèves comprennent comment saisir leurs réponses, que le temps imparti pour les tests soit scrupuleusement respecté, et que le travail remis par les élèves soit bien le leur.

L'organisme de mise en œuvre est chargé de la sélection du personnel responsable de l'administration des tests. Les administrateurs de test doivent avoir de solides compétences d'organisation, une expérience professionnelle en milieu scolaire, et s'engager à suivre rigoureusement les protocoles d'évaluation. On trouve souvent parmi eux des étudiants diplômés, des enseignants à la retraite, des inspecteurs scolaires, des fonctionnaires du ministère, ou des enseignants ou administrateurs actuellement en poste dans des établissements non participants ou situés dans d'autres régions que celles évaluées. Afin d'éviter tout soupçon de partialité et de garantir la validité des résultats de l'évaluation, les enseignants des élèves évalués ne seront pas choisis pour administrer les tests.

Les correcteurs d'items, requis lorsque les items nécessitent une réponse construite et ne se prêtent donc pas à la correction automatique, doivent avoir des connaissances adéquates du contenu évalué, en plus d'avoir reçu une formation sur les procédures de correction spécifiques à l'évaluation. Ils peuvent venir d'horizons divers et être sélectionnés parmi des étudiants, des membres de jury d'examen, des enseignants, ou encore le personnel du ministère de l'Éducation. Ils doivent avoir reçu une formation sur les critères et procédures de correction à utiliser pour les items à réponse ouverte, afin de minimiser tout biais de subjectivité et d'améliorer la fiabilité des notes.

Enfin, bien qu'il ne fasse pas officiellement partie de l'équipe d'évaluation, le *coordinateur Établissement* est le point de contact de l'établissement pour l'équipe d'évaluation nationale à grande échelle. Il permet de s'assurer que le personnel de l'établissement est informé de la tenue de l'évaluation, et coordonne les préparatifs et la logistique afin de garantir son bon déroulement au sein de l'établissement.

Outre les rôles techniques et les compétences spécifiques décrits dans les paragraphes précédents et résumés dans le tableau 3.1, plusieurs autres considérations entrent en ligne de compte lors de la sélection des membres de l'équipe d'évaluation nationale à grande échelle. Cette équipe doit être en mesure de fonctionner sous le signe de la cohésion, même si ses membres peuvent n'être embauchés qu'à temps partiel, sur une base temporaire ou en qualité de consultants.

Les membres de l'équipe doivent faire preuve de flexibilité et de réactivité, en particulier lorsqu'ils sont confrontés, au cours de la phase de mise en œuvre, à des défis techniques et politiques qui doivent être gérés avec efficacité. Ils doivent être en mesure d'effectuer leur mission avec le degré adéquat d'indépendance, en particulier lorsque les résultats de l'évaluation sont défavorables ou potentiellement sensibles pour les parties prenantes. Ils doivent avoir connaissance et se montrer attentifs aux contextes éducatifs locaux dans lesquels s'inscrivent les apprentissages ; cette sensibilisation doit se refléter

TABLEAU 3.1. Rôles et responsabilités des membres clés de l'équipe d'évaluation nationale à grande échelle

Rôle	Principale responsabilité
Coordinateur national	Gérer la mise en œuvre des activités d'évaluation, selon les directives du comité national de pilotage ; peut, le cas échéant, être assisté par un coordinateur national adjoint
Coordinateur national adjoint	Contribuer à la gestion et au soutien technique de l'élaboration et de la mise en œuvre de l'évaluation, le cas échéant
Coordinateur régional	Assurer la coordination entre l'équipe nationale et les établissements locaux participants au sein des régions
Rédacteur d'items	Concevoir de nouveaux items afin d'évaluer les compétences au regard des objectifs fixés en matière d'apprentissage
Concepteur de tests	Veiller à la conformité des items avec le cadre d'évaluation et tester les plans de test
Traducteur	Veiller à l'équivalence maximale des consignes et items d'évaluation entre les différentes langues
Statisticien	Mettre en place une stratégie d'échantillonnage et contribuer à l'analyse des résultats d'évaluation en élaborant les pondérations statistiques adéquates
Psychométricien	Analyser la qualité des items et contribuer à leur sélection en amont de la phase de mise en œuvre ; contribuer à l'interprétation des résultats pour les rapports aux parties prenantes
Gestionnaire de données	Veiller à l'identification et à l'organisation précise et adéquate des données et des fichiers de données en vue des analyses actuelles et futures
Enregistreur de données	Effectuer la saisie des données et le contrôle de leur qualité
Graphiste	Concevoir le matériel des stimulus à intégrer dans l'évaluation, ainsi que tous les diagrammes, graphiques et illustrations utilisés dans les rapports aux parties prenantes
Administrateur de test	Administrer l'évaluation et veiller à ce que toutes les personnes présentes respectent les protocoles d'évaluation
Correcteur d'items	Examiner et noter les réponses construites ouvertes, le cas échéant

Source : Tableau original créé pour le présent rapport.

dans la conception des instruments d'évaluation, le processus d'analyse des données et la communication des résultats (Greaney et Kellaghan, 2012).

Le graphique 3.1 présente l'organigramme de l'agence nationale chargée du développement et de l'administration de l'évaluation nationale à grande échelle au Chili (Sistema de Medición de la Calidad de la Educación). Au sommet de l'organigramme se trouve le secrétaire exécutif de l'agence, qui rend compte au comité national de pilotage. Ce comité se compose de cinq membres, choisis pour leur expérience et leur connaissance du système éducatif chilien, et nommés par le ministre de l'Éducation. L'agence dispose de points de contact régionaux qui supervisent les activités d'évaluation et les communications dans chacune des cinq *macrozonas* ou régions chiliennes. Elle dispose également d'unités chargées de l'administration, des audits internes et externes, et des processus juridiques liés à l'évaluation (Agencia de Calidad de la Educación, 2020), ainsi que de quatre groupes de travail axés sur différents aspects de l'évaluation des élèves.

GRAPHIQUE 3.1. Organigramme de l'Agence nationale d'évaluation du Chili

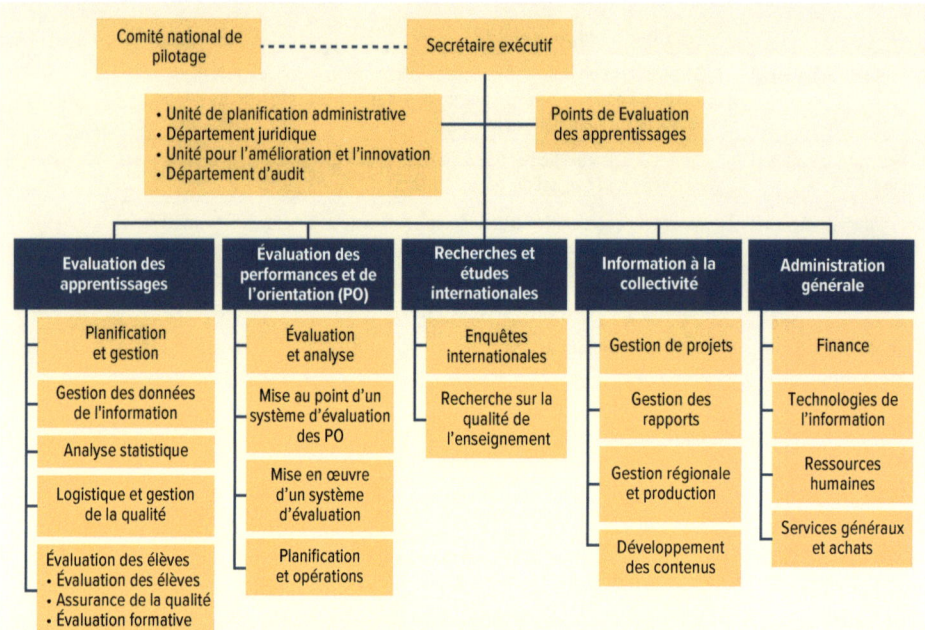

Source : Adapted from Agencia de Calidad de la Educación 2020.

Le groupe Évaluation des apprentissages conçoit des évaluations nationales qui fournissent des informations sur la réalisation des objectifs nationaux d'apprentissage. Le groupe Évaluation des performances et de l'orientation soutient les capacités d'auto-évaluation des établissements d'enseignement. Le groupe Recherche et études internationales supervise la participation aux études internationales (par exemple, Laboratorio Latinoamericano de Evaluación de la Calidad de la Educación, Programme for International Student Assessment, and Trends in International Mathematics and Science Study) et produit des rapports sur les facteurs liés à la réussite scolaire en s'appuyant sur les données d'évaluations nationales et internationales. Le groupe Information à la collectivité travaille de concert avec les autres groupes à l'élaboration des rapports d'évaluation et des stratégies de diffusion. Par ailleurs, une unité d'administration générale fournit un soutien transversal dans les domaines des finances, des technologies de l'information, des ressources humaines et des achats (Agencia de Calidad de la Educación, 2020).

Combien coûte une évaluation nationale à grande échelle ?

La définition d'un budget réaliste et la garantie d'un financement suffisant sont essentielles à la réussite d'une évaluation nationale à grande échelle (encadré 3.4). Bien qu'il n'existe pas de formule universelle, le tableau 3.2 propose une liste récapitulative des principaux postes de dépenses généralement associés à une évaluation nationale à grande échelle. Les contextes variant d'un pays à l'autre,

ENCADRÉ 3.4. Coût des évaluations nationales mexicaines, en pourcentage du budget fédéral de l'éducation

Au Mexique, le système national d'évaluation utilise des évaluations nationales à grande échelle, basées sur un recensement ou sur des échantillons, pour suivre les performances des élèves. L'Evaluación Nacional de Logro Académico en Centros Educativos (évaluation exhaustive) a été administrée de 2006 à 2013, Avant d'être remplacée, de 2015 à 2018, par le Plan Nacional para la Evaluación de los Aprendizaje, basé quant à lui sur une approche par échantillonnage.

L'organisation civile Mexicanos Primero a récemment publié une analyse comparant le coût total de ces deux évaluations sur la période 2008-18, en pourcentage du budget total alloué à l'éducation chaque année budgétaire, ajusté des coûts de 2005, année de référence avant la mise en œuvre de ces évaluations nationales à grande échelle. Le coût de l'évaluation basée sur un recensement représente, en moyenne, 0,13 % du budget fédéral de l'éducation, contre 0,08 % pour celui de l'évaluation par échantillonnage (tableau B3.4.1).

TABLEAU B3.4.1. Comparaison du coût des évaluations nationales mexicaines à grande échelle, 2008–18

	Année	Coût total de l'évaluation nationale (ajusté des coûts de 2005)	Budget fédéral de l'éducation	Pourcentage du budget fédéral de l'éducation
		Pesos mexicains (MXP)		
Evaluación Nacional de Logro Académico en Centros Educativos				
	2008	298 532 263	173 497 800 000	0,172
	2009	304 367 291	200 930 557 665	0,151
	2010	295 165 501	211 186 159 110	0,139
	2011	276 885 784	230 684 550 722	0,120
	2012	276 187 341	251 764 577 932	0,109
	2013	273 939 262	260 277 219 671	0,105
Plan Nacional para la Evaluación de los Aprendizajes				
	2015	368 402 163	305 057 143 549	0,120
	2016	123 409 468	302 986 555 681	0,040
	2017	166 505 446	267 655 185 221	0,062
	2018	235 317 375	280 969 302 366	0,083

Source : Gonzalez Seemann 2020.

TABLEAU 3.2. Liste récapitulative des principaux postes du financement des évaluations nationales à grande échelle

Postes de dépense	Source de financement		
	Financements publics dédiés	Autres financements	Non financé
Personnel			
Installations et équipements			
Conception du cadre d'évaluation			
Rédaction et développement des instruments			
Formation (par exemple à la rédaction d'items ou à la collecte de données)			
Traduction			
Impression			
Comité national de pilotage			
Déplacements dans les établissements d'enseignement locaux			
Collecte des données			
Correction des données (items à réponse ouverte)			
Saisie des données			
Traitement et nettoyage des données			
Analyse des données			
Rédaction des rapports			
Impression des rapports			
Communiqué de presse et publicité			
Conférence sur les résultats			
Consommables			
Communication			
Activités de suivi			

Source : Greaney et Kellaghan 2012.

certains postes peuvent ne pas être pertinents pour certains programmes d'évaluation nationale à grande échelle.

Les coûts absolus et relatifs des activités d'évaluation dépendent de tout un ensemble de facteurs, dont la portée de l'évaluation, les types d'items, le format d'administration (par exemple, sur papier vs. sur ordinateur), ou encore le nombre et le type d'établissements d'enseignement sélectionnés pour participer. Les coûts dépendront également fortement du contexte local, notamment des technologies disponibles et des frais liés à l'embauche de personnel doté d'une expertise technique spécialisée (Greaney et Kellaghan, 2012).

PLANIFICATION ET DÉVELOPPEMENT

Chaque décision relative à la conception d'une évaluation a des conséquences financières qui doivent être soigneusement étudiées. De manière générale, plus le nombre de matières et d'années d'études évaluées est important, plus les coûts seront élevés. En outre, une approche de la collecte de données basée sur le recensement, en moyenne, plus onéreuse qu'une approche basée sur des échantillons (Greaney et Kellaghan, 2012).

Par ailleurs, lorsque de nouveaux items sont développés pour l'évaluation, le budget doit tenir compte de la formation des rédacteurs d'items et des coûts liés aux tests pilotes et aux procédures de calibration. Les protocoles de correction des items et les grilles qui devront être mis en place pour les items à réponse construite ont aussi un coût. Il peut en outre y avoir des coûts liés à la conception des éléments graphiques ou visuels à inclure dans l'évaluation, ainsi qu'à l'impression des feuilles de réponse et autres matériels pour les évaluations administrés sur papier.

COLLECTE DES DONNÉES

Les activités de collecte des données représentent en général la majeure partie des coûts liés à la réalisation d'une évaluation nationale à grande échelle. Les informations doivent être recueillies auprès des établissements d'enseignement en amont de l'évaluation ; le matériel d'évaluation (comme les instruments de test, les questionnaires et les manuels) doit être imprimé, conditionné et livré ; les administrateurs de test peuvent avoir besoin d'une formation aux protocoles d'évaluation et d'aides pour leurs déplacements ou leur hébergement ; et une fois complétés, carnets de test et questionnaires doivent être récupérés. Pour chacun de ces aspects, le nombre d'établissements et d'élèves participant à l'évaluation est un facteur déterminant direct des coûts engagés. Les équipes d'évaluation doivent en outre garder à l'esprit que les coûts d'administration d'une évaluation seront probablement plus élevés dans les établissements situés dans des zones reculées (Greaney et Kellaghan, 2012).

TRAITEMENT DES DONNÉES

Une fois l'évaluation administrée, les carnets de test et les questionnaires doivent être traités et notés. Les coûts liés à ces processus sont souvent sous-estimés. Des fonds doivent être alloués à la saisie des données et au contrôle de leur qualité ; leur montant dépendra du mode d'administration de l'évaluation (sur papier ou sur ordinateur). Les dépenses liées aux évaluations informatisées comprennent la correction automatique des réponses des élèves et l'utilisation de systèmes de stockage des données. Les évaluations administrées au format papier-crayon impliquent des coûts liés à la numérisation, à la correction automatique, ainsi qu'à la correction manuelle pour les items à réponse ouverte (Greaney et Kellaghan, 2012).

ANALYSE ET COMMUNICATION DES RÉSULTATS

Le chapitre 2 souligne l'importance de produire plusieurs rapports ciblant les différents groupes de parties prenantes. Cette approche différenciée de la communication des résultats pourrait en effet être profitable aux responsables politiques, aux enseignants et au grand public, car elle permet de mettre en lumière leur pertinence pour chacune de ces parties prenantes. Le coût de l'élaboration et de la diffusion de ces rapports dépendra de leur nombre, de leur présentation sous simple forme numérique ou avec un accompagnement textuel et graphique, ainsi que de leur impression ou de leur diffusion au format électronique.

PERSONNEL CLÉ

Les coûts de personnel associés aux activités d'évaluation dépendront en grade partie du fait que l'organisme chargé de l'administration de l'évaluation dispose ou non de l'expertise nécessaire. Dans certains cas, ces organismes peuvent faire appel à des consultants pour les tâches spécialisées que leur personnel n'est pas à même d'effectuer. Il pourra ainsi être nécessaire d'embaucher des consultants et des conseillers à temps plein ou partiel, ce qui ne sera pas sans incidence sur le budget du projet (Greaney et Kellaghan, 2012).

ÉQUIPEMENTS ET INSTALLATIONS

Outre les bureaux et installations nécessaires au personnel à temps plein et partiel, les organismes d'évaluation doivent disposer d'espaces sécurisés pour le stockage, l'organisation et le conditionnement du matériel de test avant l'administration de l'évaluation, mais aussi pour le traitement des carnets de test et des questionnaires une fois l'évaluation effectuée. Les coûts et ressources engagés pour la sécurisation du stockage du matériel de test sont souvent sous-estimés dans le calcul des budgets. Un espace collectif doit par ailleurs être prévu pour les réunions d'équipe et les activités de coordination ; enfin, le personnel devra avoir accès à des fournitures de bureau, des ordinateurs et des logiciels dédiés pour mener à bien les analyses statistiques, la conception graphique et la production des rapports.

Idées maîtresses

- La valeur des informations recueillies grâce aux évaluations nationales à grande échelle dépend de la qualité de la conception et de la mise en œuvre desdites évaluations, mais aussi de leur bonne planification et de leur dotation en ressources adéquates.
- Le ministère de l'Éducation définit les règlements et directives relatifs aux évaluations nationales à grande échelle, et fournit des orientations stratégiques à ceux en charge de leur développement et de leur administration.
- Un comité national de pilotage, composé d'experts techniques et de représentants des principaux groupes de parties prenantes, guide la mise en œuvre, assure un rôle de supervision, d'orientation et de retour d'information durant la phase de planification, et veille à l'alignement des décisions conceptuelles sur les objectifs fixés et les besoins d'information des principales parties prenantes.
- L'équipe d'évaluation nationale à grande échelle se compose d'un groupe varié d'experts techniques chargés de la gestion et de l'administration des activités de développement et de mise en œuvre.
- Les économies que réalisent les pays en réformant leur système d'éducation sur la base des résultats des évaluations nationales à grande échelle sont supérieures aux coûts qu'ils engagent pour lesdites évaluations.

Références

Agencia de Calidad de la Educación. 2020. "Diagrama de la Estructura Orgánica." https://www.agenciaeducacion.cl/nosotros/organigrama.

Education and Training Evaluation Commission. 2020. "About the Education and Training Evaluation Commission." https://www.etec.gov.sa/ar/About/Pages/default.aspx.

Gonzalez Seemann, Carlos. 2020. "Nota de Análisis. Evaluaciones de y para el Aprendizaje." https://s3-us-west-2.amazonaws.com/static-mexicanosprimero.org/2020/notatecnica/evaluaciones_de_y_para_el_aprendizaje_20201214.pdf.

Greaney, Vincent, and Thomas Kellaghan. 2008. *National Assessments of Educational Achievement, Volume 1: Assessing National Achievement Levels in Education.* Washington, DC: World Bank.

Greaney, Vincent, and Thomas Kellaghan. 2012. *National Assessments of Educational Achievement, Volume 3: Implementing a National Assessment of Educational Achievement.* Washington, DC: World Bank.

Malaysia Ministry of Education. 2020. "Lembaga Peperiksaan." https://www.moe.gov.my/korporat/bahagian-dan-unit/lembaga-peperiksaan.

MIDE UC (Centro de Medición de la Pontificia Universidad Católica de Chile). 2020. "About Us / An Overview." https://mideuc.cl/english/quienes.php.

Chapitre 4
QUELLES SONT LES DÉCISIONS CLÉS DANS LA CONCEPTION DES ÉVALUATIONS À GRANDE ÉCHELLE ?

Lorsque l'équipe d'évaluation nationale à grande échelle pose un choix dans la conception d'une évaluation, celui-ci doit être conforme aux objectifs fixés et à l'usage prévu des résultats d'évaluation. Une fois déterminée la raison motivant la réalisation d'une évaluation nationale à grande échelle, le comité national de pilotage est chargé de fournir des orientations sur différents aspects clés du processus d'évaluation, notamment : quels élèves et quelles compétences seront évalués, et comment ils démontreront leurs savoir-faire en la matière (Greaney et Kellaghan, 2008). L'équipe d'évaluation nationale à grande échelle doit travailler de concert avec les différentes parties prenantes — responsables politiques, enseignants, chefs d'établissement, experts en évaluation, parents et responsables locaux — pour prendre les décisions clés suivantes :
- Quels élèves seront évalués ?
- L'évaluation sera-t-elle basée sur un recensement ou sur des échantillons ?
- À quelle fréquence l'évaluation sera-t-elle administrée ?
- Quel sera le contenu de l'évaluation ?
- Quels formats d'items seront utilisés ?
- Dans quelle(s) langue(s) l'évaluation sera-t-elle administrée ?
- L'évaluation inclura-t-elle des questionnaires contextuels ?
- Comment l'évaluation sera-t-elle administrée ?

- Quels éléments doivent figurer dans le manuel d'administration de l'évaluation ?
- Comment évaluer les élèves ayant des besoins spécifiques d'éducation ?
- L'évaluation devra-t-elle être adaptée au fil du temps ?
- Quelles autres considérations techniques faudra-t-il prendre en compte lors de la planification de la prochaine évaluation à grande échelle ?

Ce chapitre fait le point sur l'ensemble de ces questions. Bien que pour chacune d'entre elles, la décision dépende principalement des raisons motivant la réalisation de l'évaluation, tous les choix relatifs à sa conception s'avèrent liés. Certaines de ces interdépendances sont ici explorées, à la lumière d'exemples d'évaluations nationales, internationales et régionales à grande échelle.

Quels élèves seront évalués ?

Dans de nombreux pays, les responsables politiques sont particulièrement intéressés par la collecte de données sur le niveau de compétence des élèves aux différentes étapes clés de transition du système d'éducation. Ils pourront ainsi, au même titre que d'autres parties prenantes, souhaiter en savoir plus sur le niveau de compétence en compréhension de l'écrit des élèves qui viennent de terminer l'école primaire et passent dans le secondaire, ou de ceux qui ont achevé leur cursus secondaire et entrent dans l'enseignement supérieur ou la vie active. Les âges ou années d'études spécifiques correspondant à ces étapes de transition varient d'un pays à l'autre. Selon le pays, la population cible pourra être définie en fonction de l'âge, de l'année d'études, ou de ces deux aspects. Il est recommandé de définir la population cible en fonction de l'année d'études lorsque de fortes variations s'observent dans l'âge d'entrée des élèves dans le système éducatif formel (Greaney et Kellaghan, 2008).

Le système d'éducation de chaque pays peut comprendre une multitude de types d'établissements d'enseignement différents (par exemple, publics, privés, internationaux, professionnels, *charter schools*, *magnet schools*). En fonction des objectifs de l'évaluation, l'équipe nationale d'évaluation pourra souhaiter évaluer les élèves de tout ou partie de ces types d'établissements. La plupart des évaluations nationales à grande échelle s'attachent à mesurer le niveau de compétence des élèves des établissements d'enseignement publics et privés ordinaires, qui scolarisent en général la grande majorité des élèves.

L'évaluation sera-t-elle basée sur un recensement ou sur des échantillons ?

Dans une évaluation basée sur un recensement, tous les établissements d'enseignement dont les élèves répondent aux critères retenus en matière d'âge ou d'années d'études sont tenus de participer. Dans une évaluation basée sur des échantillons, un sous-ensemble d'établissements d'enseignement dont les élèves répondent aux critères retenus en matière d'âge ou d'années d'études est sélectionné pour participer ; cette participation pourra être obligatoire ou non (Greaney et Kellaghan, 2008).

TABLEAU 4.1. Caractéristiques des évaluations basées sur un recensement ou sur des échantillons

Évaluations basées sur des échantillons	Évaluations basées sur un recensement
• Adaptées à un usage des résultats à faible impact • Besoin, chez les parties prenantes, d'informations sur le système d'éducation dans sa globalité plutôt que sur des élèves ou dEs établissements en particulier • Plus susceptibles de nécessiter un budget moindre pour leur administration • Nécessité de disposer d'une liste exhaustive des établissements et des caractéristiques pour sélectionner un échantillon représentatif • Nécessité de disposer d'un soutien technique pour la sélection des échantillons et le calcul des poids d'échantillonnage	• Plus susceptibles d'être liées à des décisions potentiellement à impact élevé concernant des élèves, enseignants ou établissements en particulier • Besoin, chez les parties prenantes, d'informations sur tous les districts scolaires, établissements, classes ou élèves du système • Plus susceptibles de nécessiter un budget plus important et davantage de ressources • Nécessité de disposer d'une liste exhaustive des établissements

Source : Tableau original créé pour le présent rapport.

Le choix d'une approche ou l'autre dépend de plusieurs facteurs, comme les usages escomptés des résultats d'évaluation et le budget disponible (tableau 4.1). Lorsque l'évaluation est utilisée pour responsabiliser les établissements ou leur fournir un retour d'information formatif, c'est une approche basée sur un recensement qui s'impose. Dans le cadre de leurs politiques de responsabilisation, certains pays utilisent ainsi les résultats de ce type d'évaluation pour fournir un classement public des établissements et éclairer les décisions les concernant (comme l'affectation des ressources).

Si l'objectif est de suivre l'évolution de la performance globale du système d'éducation dans le temps ou de comprendre les facteurs contextuels influant sur les apprentissages, une approche basée sur des échantillons peut s'avérer plus efficace. Les deux approches sont toutefois pertinentes s'il s'agit d'éclairer les efforts constants d'amélioration et les politiques et pratiques éducatives.

Lorsqu'une évaluation nationale à grande échelle est administrée à un échantillon représentatif d'établissements d'enseignement, ses résultats sont censés être généralisables à l'ensemble de la population cible au sein du système d'éducation (encadré 4.1), et non fournir des informations sur les établissements spécifiquement échantillonnés ou les performances individuelles des élèves sélectionnés pour participer à l'évaluation. Malgré cette réserve, un avantage évident des évaluations basées sur des échantillons par rapport à celles basées sur un recensement est leur moindre coût, aspect pouvant s'avérer particulièrement pertinent pour les pays en développement disposant de ressources financières et humaines limitées pour administrer ce type d'évaluations (Wolff, 2007).

Certains pays, comme le Brésil et le Chili, conjuguent ces deux approches pour leurs évaluations nationales à grande échelle afin de mieux répondre aux besoins d'information des différentes parties prenantes. Cette combinaison permet de

> **ENCADRÉ 4.1. Aux États-Unis, une évaluation basée sur des échantillons**
>
> Les États-Unis utilisent leur National Assessment of Educational Progress, évaluation basée sur des échantillons, pour se faire une idée de l'état général de l'enseignement scolaire dans tous leurs États et le District de Columbia. Elle est administrée chaque année à un échantillon représentatif sur le plan national d'élèves de 4e, 8e et 12e années. Il s'agit d'un échantillonnage à plusieurs degrés, les élèves s'inscrivant au sein des établissements d'enseignement, et les établissements d'enseignement au sein des États. Les principales matières évaluées sont la compréhension de l'écrit, l'expression écrite, les mathématiques et les sciences ; parmi les autres matières évaluées sur une base moins régulière, citons l'éducation civique, l'économie, la géographie, les disciplines artistiques, l'histoire des États-Unis, la technologie et l'ingénierie. Les évaluations de compréhension de l'écrit et de mathématiques sont administrées tous les deux ans, afin de permettre d'évaluer d'autres matières les années intermédiaires. L'évaluation inclut en outre des questionnaires contextuels à l'intention des élèves, des enseignants et des établissements. Les résultats sont restitués à l'échelon de l'ensemble du pays, de chaque État et de différents groupes socio-démographiques. Les résultats individuels des élèves et des établissements d'enseignement ne sont pas accessibles au public.
>
> *Source :* NAEP, 2019.

réduire les coûts globaux tout en dressant un état des lieux précis du système d'éducation (encadré 4.2).

À quelle fréquence l'évaluation sera-t-elle administrée ?

La fréquence d'administration d'une évaluation nationale à grande échelle est en général spécifiée dans les lois et règlements régissant le ministère de l'Éducation et l'agence nationale d'évaluation. Compte tenu des ressources et de la logistique nécessaires pour la planification et la mise en œuvre d'une évaluation à grande échelle, il faut compter au moins une année pour chaque cycle d'évaluation. En outre, pour faciliter une comparaison plus juste des résultats d'évaluation dans le temps, les organismes d'évaluation doivent planifier le calendrier de chaque évaluation (en termes de date d'administration durant l'année scolaire) bien à l'avance et veiller à ce qu'un calendrier similaire soit suivi lors des cycles d'évaluation suivants.

Certains pays, comme la République de Corée, administrent leurs évaluations nationales à grande échelle chaque année. D'autres, comme le Brésil (encadré 4.2), le font tous les deux ans. D'autres encore adoptent un rythme moins fréquent, qui peut être plus ou moins régulier. Le Vietnam a par exemple administré des évaluations nationales à grande échelle en 2001, 2007, 2011, 2015 et 2019. La fréquence à laquelle les pays administrent leurs évaluations nationales à grande échelle dépend de divers facteurs, notamment des ressources disponibles et des besoins d'information.

La fréquence d'administration des évaluations régionales ou internationales à grande échelle varie quant à elle selon l'évaluation concernée. La plupart d'entre

ENCADRÉ 4.2. Évaluations basées sur un recensement ou sur des échantillons : les exemples du Chili et Brésil

Chili

Au Chili, l'évaluation nationale à grande échelle Sistema de Medición de la Calidad de la Educación est administrée chaque année à l'ensemble des élèves de 4ᵉ et de 9ᵉ années, et tous les deux ans, à ceux des 6ᵉ et 8ᵉ années (en alternant l'année d'études évaluée chaque année). Une approche basée sur des échantillons est quant à elle utilisée pour évaluer les élèves de 2ᵉ et 10ᵉ années (fin du collège), ainsi que pour l'évaluation de l'éducation civique en 8ᵉ année. L'utilisation combinée que fait actuellement le Chili d'évaluations basées sur un recensement et sur des échantillons lui a permis de réduire le nombre et le coût des évaluations annuelles basées sur un recensement par rapport à son système d'évaluation antérieur. Parallèlement, cette double approche a permis au pays d'introduire de nouvelles évaluations à grande échelle (par exemple, en éducation civique), ainsi que de nouvelles évaluations formatives en classe dans les premières années de scolarité.

Brésil

Le système d'évaluation nationale à grande échelle du Brésil, Sistema Nacional de Avaliação da Educação Básica, comprend l'Avaliação Nacional do Rendimento Escolar (également connue sous le nom de *Prova Brasil*) et l'Avaliação Nacional da Educação Básica. Prova Brasil est une évaluation nationale basée sur un recensement des élèves scolarisés dans l'enseignement public en 5ᵉ, 9ᵉ et 12ᵉ années. L'Avaliação Nacional da Educação Básica vient compléter Prova Brasil en évaluant des échantillons d'élèves scolarisés dans l'enseignement public ou privé dans tout le pays et en couvrant un éventail plus large de matières et d'années d'études. Le Brésil utilise cette combinaison des deux types d'évaluations pour accroître le nombre de matières et d'établissements évalués (tableau B4.2.1).

TABLEAU B4.2.1. Prova Brasil et Avaliação Nacional da Educação Básica au Brésil

	Prova Brasil	Prova Brasil et Avaliação Nacional da Educação Básica au Brésil
Participation	Évaluation basée sur un recensement	Évaluation basée sur des échantillons
Type d'établissement	Public	Public et privé
Années d'études	5, 9, 12	2, 5, 9, 12
Matières évaluées	• Portugais • Mathématiques	• Initiation à la lecture et à l'écriture (2ᵉ année) • Portugais • Mathématiques • Géographie (9ᵉ année) • Histoire (9ᵉ année) • Sciences (9ᵉ année)

Le Brésil mène aussi des évaluations infranationales à grande échelle au niveau de ses États. Chacun d'eux peut ainsi administrer en toute autonomie ses propres évaluations en sus du Sistema Nacional de Avaliação da Educação Básica. Afin de garantir la comparabilité des résultats entre les évaluations, les États et les municipalités peuvent se servir d'items communs tirés d'une banque nationale d'items et communiquer les résultats mis à l'échelle au niveau fédéral.

Source : Agencia de Calidad de la Educación, 2020 ; Ministério da Educação, 2020.

elles sont administrées tous les trois à six ans. Certaines évaluations régionales à grande échelle ont des intervalles plus longs, en fonction des ressources, de la logistique et des accords avec les gouvernements des pays participants.

Quel sera le contenu de l'évaluation ?

Comme évoqué au chapitre 2, les résultats d'évaluation sont en général plus instructifs lorsque le contenu de l'évaluation est aligné sur le programme de cours ou les objectifs d'apprentissage fixés à l'échelon national. Cet alignement s'appuie sur l'élaboration d'un cadre d'évaluation, carte conceptuelle des principaux acquis escomptés dans les domaines de connaissance ciblés, que viennent compléter des directives sur la façon de mesurer lesdits acquis. Les textes officiels des programmes de cours sont souvent utilisés pour définir les domaines de connaissance et fournir des orientations sur la façon dont les élèves doivent démontrer leurs connaissances, leurs compétences ou leur compréhension de ce domaine dans le cadre d'une évaluation. Des spécialistes des programmes et des matières évaluées peuvent également juger de la pertinence et de l'adéquation du contenu de l'évaluation, ainsi que de son alignement sur le programme de cours et les objectifs d'apprentissage fixés à l'échelon national (Anderson et Morgan, 2008).

En 2018, le Népal a mené une évaluation nationale des acquis des élèves afin d'évaluer le niveau de compétence des élèves de 5e année en népalais et en mathématiques (Kafle, Acharya et Acharya, 2019). L'évaluation de la langue népalaise couvrait quatre grands domaines d'utilisation du langage (compréhension à l'audition, lecture et expression orale et écrite) ainsi que des connaissances grammaticales ; celle de mathématiques comprenait quant à elle six domaines de connaissances générales que les élèves sont censés avoir couverts une fois en 5e année (encadré 4.3). Le choix de ces domaines s'est fait sur la base du programme de cours national dans chaque matière. Le cadre d'évaluation spécifiait le nombre d'heures d'enseignement consacrées à chaque domaine de connaissance (tel que précisé dans le programme national), ce qui a permis de déterminer le nombre d'items par domaine à inclure dans l'évaluation.

ENCADRÉ 4.3. Contenu couvert par l'Évaluation nationale du Népal des acquis des élèves de 5e année en népalais et mathématiques, 2018

Népalais
1. Compréhension orale
2. Expression orale
3. Compréhension en lecture
4. Expression écrite
5. Grammaire appliquée

Mathématiques
1. Géométrie
2. Numératie
3. Arithmétique
4. Temps, argent et mesure
5. Factures, budget et statistiques
6. Ensembles et algèbre

Source : Adapté de Kafle, Acharya et Acharya, 2019.

En plus ou à la place des acquis relevant du programme de cours, le comité national de pilotage pourra souhaiter identifier et privilégier d'autres acquis correspondant davantage aux besoins d'information des parties prenantes. Les pays pourront ainsi souhaiter évaluer l'acquisition de compétences plus globales dont les élèves auront besoin une fois leur scolarité terminée. Dans ce cas, il pourra s'avérer plus judicieux de cibler les fondamentaux et les compétences transversales, comme la résolution de problèmes et la créativité, plutôt que des éléments spécifiques du programme scolaire (Anderson et Morgan, 2008).

Lors de l'élaboration du cadre d'évaluation, les textes officiels du programme de cours national pourront ou non fournir des définitions adéquates. Comme évoqué au chapitre 9, le domaine de connaissance de la citoyenneté mondiale, mesuré dans l'évaluation Southeast Asia Primary Learning Metrics (SEA-PLM), ne figurait dans le programme de cours national d'aucun des pays participants. En l'absence de définitions officielles, il est absolument essentiel que les parties prenantes s'accordent sur la façon de définir ces compétences et de les mesurer avec précision. Les mêmes impératifs s'appliquent à l'évaluation des attitudes des élèves à l'égard de l'apprentissage et d'autres constructs socio-émotionnels ; ces attitudes nécessitent également des définitions précises et concertées afin de pouvoir être mesurées et analysées en toute fiabilité. Les chapitres 8 et 9 présentent des exemples d'évaluations régionales et internationales s'attachant à évaluer des constructs plus innovants.

Quels formats d'items seront utilisés ?

Les instruments d'évaluation doivent utiliser des formats d'items permettant la collecte de données valides et fiables sur les compétences des élèves dans le domaine de connaissance ou le construct évalué. De cette manière, les évaluations bien conçues peuvent réaffirmer les objectifs du programme de cours en modélisant le niveau de compétence et de compréhension que les élèves doivent être en mesure de démontrer (graphiques 4.1 et 4.2).

L'utilisation d'items bien rédigés est essentielle dans ce processus. Les items d'évaluation doivent, tant individuellement que collectivement, fournir des données valides et fiables sur ce que les élèves savent, comprennent et sont capables de faire. Il est particulièrement important que les items soient alignés sur les domaines de connaissance évalués. L'élaboration de l'ensemble des items doit suivre les spécifications énoncées dans le cadre d'évaluation. L'encadré 4.4 présente quelques consignes pour la rédaction des items.

Des experts des matières évaluées doivent être recrutés pour la conception des items. Il s'agira en général d'enseignants ayant une bonne expérience des années d'études évaluées et de spécialistes des programmes de cours connaissant bien les trajectoires d'apprentissage des élèves. Les enseignants et autres experts des matières évaluées peuvent également réviser les items conçus par leurs pairs et les commenter. Une formation devra être proposée aux enseignants et autres experts prenant part au processus de conception des items qui ne seraient pas familiers des procédures de rédaction et de révision.

La plupart des évaluations nationales et internationales à grande échelle s'appuient principalement sur des items à choix multiples pour évaluer la

GRAPHIQUE 4.1. Exemple d'item à réponse ouverte de compréhension de l'écrit tiré de l'évaluation Southeast Asia Primary Learning Metrics, 2019

	Afghanistan	Vietnam	Philippines	Népal
Climat	Climat aride à semi-aride ; hivers glacials, étés chauds	Tropical au sud, mousson au nord	Généralement chaud et humide	Subtropical au sud, étés frais et hivers rigoureux au nord
Géographie	Enclavé et montagneux	Le delta fertile du Mékong couvre une grande partie du sud-ouest du Vietnam	Composé de 7 107 îles	Enclavé ; abrite 8 des 10 plus hauts sommets du monde
Principales cultures	Blé, fruits, noix, laine, peaux de mouton	Riz paddy, café, caoutchouc, coton, pêche	Canne à sucre, noix de coco, riz	Riz, maïs, blé, canne à sucre, lait
Exportations typiques (marchandises vendues à d'autres pays)	Fruits et noix, tapis, safran	Pétrole brut, produits de la mer, riz, café, caoutchouc, vêtements	Équipements électroniques, matériel de transport, vêtements	Tapis, vêtements, produits en cuir
Faune	Mouton Marco Polo : possède les cornes les plus longues de tous les moutons	Saola (type d'antilope) : l'un des mammifères les plus rares du monde	Aigle des Philippines : le plus grand **aigle** du monde	Rhinocéros à une corne : le quatrième plus grand mammifère terrestre du monde

D'après ce texte, quel pays a les mêmes exportations que le Vietnam ?
_____

Source : Adapté de UNICEF et SEAMEO, 2017.

performance des élèves. Il est toutefois souvent nécessaire d'inclure également des items à réponse courte et ouverte, demandant aux élèves de rédiger un mot, une expression ou une ou plusieurs phrases qui témoigneront de leur compréhension. Le choix d'items à réponse ouverte est approprié lorsque la tâche peut être définie avec précision et notée de manière fiable, et que différentes réponses peuvent attester des connaissances ou compétences visées (Anderson et Morgan, 2008).

Les graphiques 4.1 et 4.2 présentent des items de compréhension de l'écrit à réponse ouverte et à choix multiples conçus dans le cadre de l'évaluation SEA-PLM. Comme évoqué au chapitre 9, cette évaluation régionale à grande échelle mesure les compétences en compréhension de l'écrit à l'aide de différents types de textes (par exemple, narratifs, descriptifs ou argumentatifs) et en faisant appel à différents processus cognitifs liés à la compréhension de l'écrit (comme la localisation d'informations dans le texte, l'interprétation d'informations, ou encore la réflexion). L'item à réponse ouverte présenté dans le graphique 4.1 demande à l'élève d'utiliser ses compétences en compréhension de l'écrit pour comparer des informations sur deux pays. Celui à choix multiples du graphique 4.2 présente quant à lui un texte narratif et demande à l'élève de localiser des informations sur l'action entreprise par l'un des personnages.

GRAPHIQUE 4.2. Exemple d'item à choix multiples de compréhension de l'écrit tiré de l'évaluation Southeast Asia Primary Learning Metrics, 2019

Le trou

« Je vois quelque chose qui brille au fond », dit Kit. « C'est peut-être une pièce d'or. »

« Arrête de raconter n'importe quoi », le reprit Sara, scrutant le trou. Son petit-frère croyait toujours voir des choses, créant des objets tout droit sortis de son imagination.

« C'est peut-être une épée », poursuivit Kit. « Peut-être qu'un roi a enterré une épée en or dans le sol il y a très longtemps et l'a ensuite oubliée. »

« Ou peut-être que c'est juste de la terre, recouverte de terre et encore d'une autre couche de terre », le rabroua Sara. « C'est juste un trou, probablement creusé par un animal sauvage. » « N'importe quoi ! » s'exclama Kit. « Aucun animal ne pourrait creuser un trou aussi grand ! »

« Eh bien, si tu es si sûr que ce n'est pas un trou d'animal, pourquoi tu n'y vas pas… »

Kit blêmit. « Euh… Non, je ne peux pas y aller… parce que… j'ai mal au pied ! » Sara esquissa un sourire ; le pied de Kit n'avait rien à voir là-dedans. Un gros trou, ça faisait surtout penser à un gros animal.

« J'ai une idée », dit-elle en ramassant une pierre à côté d'elle. « Je vais laisser tomber cette pierre dans le trou. Si on entend un tintement, c'est qu'il y a un trésor. Si on entend un bruit sourd, c'est que ce n'est que de la terre. Et si on entend un jappement, c'est qu'il y a un animal ! »

Sara laissa tomber la pierre et ils n'entendirent d'abord rien. Puis, il y eut un plouf.

Sara dit « J'ai une idée ». De quoi s'agit-il ?

A) Pousser son frère dans le trou.
B) Descendre dans le trou pour l'explorer.
C) Jeter une pièce dans le trou.
D) Laisser tomber une pierre dans le trou.

Source : Adapté de UNICEF et SEAMEO, 2017.

Outre le processus de conception des items et de révision de leur contenu par des experts des matières évaluées, les équipes nationales d'évaluation doivent également tester ces items. Ce test aide à déterminer les propriétés psychométriques de chaque item et permet la sélection de ceux présentant les niveaux adéquats de difficulté et de discrimination. Il offre également une bonne occasion de vérifier la compréhension de chaque item par les élèves et de résoudre tous les problèmes de contenu avant la campagne d'évaluation définitive (encadré 4.5).

Dans quelle(s) langue(s) l'évaluation sera-t-elle administrée ?

Les évaluations nationales à grande échelle sont généralement administrées dans la langue officielle d'enseignement. Toutefois, les équipes nationales d'évaluation doivent garder à l'esprit que cette langue peut ne pas être celle que les élèves parlent en famille, ce qui pourrait constituer un obstacle à l'évaluation adéquate de leurs connaissances et compétences, en particulier pour les plus jeunes d'entre eux. Dans de tels cas, il pourra être nécessaire de simplifier la

> **ENCADRÉ 4.4. Consignes pour la rédaction des items**
>
> - Des items bien rédigés doivent :
>   - Aborder un domaine d'apprentissage clé
>   - Proposer une tâche constructive et ayant du sens
>   - Être clairement associés à un résultat d'apprentissage, une année d'études cible et un processus cognitif, comme défini dans le cadre d'évaluation ou le plan de test
>   - Être équitables et dénués de biais
>   - Donner à l'élève des consignes claires sur ce qu'il doit faire
>   - Être autonomes et ne pas dépendre de la compréhension d'un item précédent
>   - Utiliser une formulation simple et claire, et éviter les termes vagues et peu usités
>   - Utiliser des phrases courtes, directes et correctement ponctuées, et éviter les structures logiques complexes et les doubles négations
>   - Être cohérents dans l'utilisation des termes et mesures
>   - Être pertinents sur le plan culturel et contextualisés.
> - Des items à choix multiples bien rédigés doivent en outre :
>   - Proposer des options de réponse de longueur et de style similaires. La bonne réponse ne doit pas se démarquer des autres par sa longueur, sa formulation ou tout autre caractéristique extérieure.
>   - Proposer des options de réponse sans ambiguïtés. Éviter les distracteurs se recoupant sur le plan du sens.
>   - Ne proposer qu'une seule option de réponse correcte. Éviter les distracteurs partiellement corrects.
>   - Proposer des otions de réponse plausibles, mais incorrectes.
> - Les items à réponse ouverte et à réponse construite bien rédigés doivent également s'accompagner de critères de correction clairs et objectifs.
>
> *Source :* Adapté de Anderson et Morgan, 2008.

formulation des items d'évaluation ou de les traduire dans la langue maternelle des élèves. Les évaluateurs devront en outre être formés de manière adéquate pour administrer l'évaluation oralement dans la langue maternelle des élèves (Anderson et Morgan, 2008).

Par ailleurs, la langue officielle d'enseignement peut ne pas correspondre à celle utilisée dans toutes les classes, aspect qui a de nombreuses implications potentielles pour la conception et l'administration de l'évaluation. Dans de tels cas, le comité national de pilotage devra décider de la mise à disposition ou non d'une version traduite de l'évaluation. La traduction et l'adaptation des évaluations nécessitent beaucoup de temps et de ressources. Il est en effet essentiel de veiller à ce que les différentes versions traduites de l'évaluation soient aussi équivalentes que possible sur le plan du contenu, mais aussi des propriétés psychométriques des items individuels et du matériel d'enquête dans son ensemble.

> **ENCADRÉ 4.5.** Tester les items est important
>
> Avant la finalisation des carnets de test, il est important de tester les items proposés afin d'identifier ceux qui permettent d'obtenir les données les plus précises et fiables sur les savoirs et savoir-faire des élèves. Un test devra ainsi être réalisé plusieurs mois avant l'administration de l'évaluation afin de laisser suffisamment de temps pour la collecte et l'analyse des données, et pour la finalisation, l'impression et la distribution des carnets de test.
>
> Ce processus de test permettra d'identifier les items inadéquats qui devront être supprimés de la version finale de l'évaluation, être révisés avant inclusion, ou qui sont prêts pour figurer dans l'évaluation finale. Il pourra par exemple être nécessaire de supprimer les items trop faciles ou difficiles pour les élèves de l'âge ou de l'année d'études visés. Les items manquant de clarté ou proposant des distracteurs de piètre qualité pourront être améliorés après révision. Il est également important de déterminer si les items donnent lieu à des performances similaires dans les différents sous-groupes de population ; aucun item ne devrait en effet être systématiquement plus facile ou difficile pour les élèves d'un groupe socio-démographique donné. Si tel est le cas, il sera peut-être nécessaire de le réviser ou de le supprimer de la campagne définitive d'évaluation.
>
> Il est courant de tester deux à trois fois plus d'items que le nombre prévu dans le version finale de l'évaluation. Par exemple, si l'instrument final inclut 30 items par matière, il faudra en tester au moins 60 pour chaque matière évaluée. En plus de contribuer à la sélection des items pour la version finale du carnet de test, une étude pilote bien conçue donne à l'équipe d'évaluation la possibilité d'améliorer les consignes destinées aux administrateurs de test, de déterminer le temps nécessaire aux participants pour répondre aux items, de faire le point sur l'engagement des élèves durant l'évaluation, de renforcer les grilles de notation pour les items à réponse ouverte et d'affiner les procédures de collecte des données avant l'adminsitration de la campagne définitive d'évaluation. Anderson et Morgan (2008) expliquent en détail comment planifier, concevoir et administrer une étude pilote de ce type.
>
> *Source :* Adapté de Anderson et Morgan, 2008.

L'évaluation inclura-t-elle des questionnaires contextuels ?

Les travaux de recherche semblent mettre en évidence l'incidence de plusieurs facteurs sur les résultats des élèves ; la plupart des évaluations nationales à grande échelle recueillent des informations sur ces facteurs au moyen de questionnaires administrés aux élèves, aux enseignants et aux chefs d'établissement. Les informations contextuelles ainsi recueillies sur les élèves pourront inclure leur sexe, leur langue maternelle, leur parcours scolaire, leur environnement familial, leur environnent en classe et leur environnement social, ainsi que leurs attitudes à l'égard de l'apprentissage. Il est également possible d'administrer des questionnaires aux enseignants et aux chefs d'établissement pour mieux comprendre leur formation initiale et continue, leur expérience en classe, les pratiques de gestion des établissements, et les ressources au niveau des établissements et des classes (Anderson et Morgan, 2008).

Le tableau 4.2 récapitule les étapes de la conception des questionnaires contextuels, qui sont similaires à celles de la conception des instruments cognitifs. Compte

TABLEAU 4.2. Composantes de la conception des questionnaires

Composantes	Description
Objectif	Clarifier l'objectif et les utilisations potentielles des données issues des questionnaires
Plan d'ensemble	Définir le plan d'ensemble des questionnaires afin de préciser le type de répondants et les domaines visés, les types d'items, le codage et le protocole d'administration
Items	Rédiger les items des questionnaires
	Affiner pour plus de clarté et d'utilité dans les panels de questionnaires
	Réviser les questionnaires
Données et analyses	Définir le plan pour le traitement des informations, la création des variables et des indicateurs de mesure, et la réalisation de différents types d'analyse
Pré-test	Concevoir, produire et réviser les questionnaires de pré-test
	Rédiger les consignes d'administration pour le pré-test des questionnaires et former les administrateurs
	Pré-tester les questionnaires en même temps que les épreuves d'évaluation
Questionnaires finaux	Analyser les données des questionnaires de pré-test
	Affiner les questionnaires et les consignes d'administration sur la base des données du pré-test et des commentaires des administrateurs
	Produire la version finale des questionnaires

Source : Adapté de Anderson et Morgan, 2008.

tenu des budgets limités dont disposent généralement les équipes nationales d'évaluation, les informations supplémentaires recueillies à l'aide de ces questionnaires doivent contribuer aux objectifs de l'évaluation ; l'accent devra ainsi être mis sur la collecte de données pertinentes concernant les facteurs sur lesquels les décisions politiques peuvent avoir une incidence.

De plus, si ces facteurs sont amenés à être utilisés dans le cadre d'analyses complexes pour expliquer la variation de la performance des élèves, ils doivent être bien définis et l'on doit disposer d'éléments qui établissent leur fiabilité et leur validité. Les équipes doivent en outre s'assurer qu'elles disposent de l'expertise technique nécessaire pour gérer la complexité des analyses requises pour une utilisation correcte des données.

Le tableau 4.3 résume certains des constructs couverts par le questionnaire Établissement administré dans le cadre de l'évaluation nationale à grande échelle de la République de Corée (Ra, Kim et Rhee, 2019).

Ce questionnaire recueille, entre autres, des informations sur les caractéristiques des établissements, le parcours et la formation professionnelle des enseignants et des chefs d'établissement, le climat en classe et au sein des établissements, et les activités extrascolaires proposées par les établissements.

Comment l'évaluation sera-t-elle administrée ?

De nombreux programmes internationaux d'évaluation à grande échelle proposent une administration au format papier-crayon ou informatisé ; si certains

TABLEAU 4.3. Exemples de constructs couverts dans le questionnaire contextuel Établissement de l'évaluation nationale à grande échelle de la République de Corée

Construct	Sous-construct	Variables
Financements de l'établissement	Financements de l'établissement	Financements de l'établissement
Caractéristiques du chef d'établissement	Chef d'établissement	Parcours personnel du chef d'établissement Recrutement ouvert (c'est-à-dire chef d'établissement recruté) Activités du chef d'établissement
Composition de l'effectif d'élèves et caractéristiques des enseignants	Taille de l'établissement	Nombre de classes Nombre d'élèves
	Composition de l'effectif d'élèves	Caractéristiques des élèves
	Caractéristiques des enseignants	Formation des enseignants Formation des conseillers pédagogiques
Programme de cours et climat de l'établissement	Classes et programmes	Regroupement par aptitudes entre les classes Programmes extrascolaires Activités du club des élèves Programme pour les élèves peu performants
	Climat de l'établissement	Climat parmi les enseignants Climat parmi les élèves Climat parmi les parents Comité de gestion de l'établissement Participation des parents aux événements de l'établissement
	Utilisation des résultats	Utilisations et interprétations des résultats d'évaluation

Source : Adapté de Ra, Kim et Rhee, 2019.

pays ont adopté la version informatisée, la plupart continuent d'administrer leurs évaluations nationales à grande échelle à l'aide d'instruments papier-crayon. Les pays pourront néanmoins envisager une administration informatisée, compte tenu de ses nombreux avantages potentiels, notamment :

- *Une réduction des coûts en ressources :* Le temps et les ressources nécessaires à l'impression, au conditionnement et au transport du matériel d'évaluation pour une administration au format papier-crayon sont considérables.
- *Un renforcement de la sécurité de l'évaluation :* Une administration au format papier-crayon nécessite l'identification, la collecte, l'organisation, le stockage sécurisé et le transport des carnets de test, tandis que les données issues d'une évaluation informatisée sont collectées et stockées numériquement, en toute sécurité.
- *Des résultats plus fiables :* Les évaluations informatisées se prêtent à une correction automatique pour tous les items à choix multiples et certains à réponse ouverte. La correction manuelle des carnets de test à l'aide d'un corrigé est susceptible d'être moins précise et fiable qu'une correction

informatisée en raison du risque d'erreur humaine ; la correction manuelle est en outre bien plus lente.
- *Une plus grande efficacité* : Les évaluations informatisées peuvent être conçues selon un mode adaptatif, qui permet la création dynamique de l'évaluation en fonction des réponses de l'élève. Ce type d'évaluation adaptative informatisée prend généralement moins de temps à administrer et fournit des estimations plus précises du niveau de compétence des élèves que les tests non adaptatifs.
- *Une meilleure accessibilité* : Les évaluations informatisées peuvent intégrer des adaptations susceptibles d'améliorer leur accessibilité pour les élèves souffrant de déficiences visuelles ou d'autres handicaps.

Toutefois, d'importants obstacles peuvent entraver la mise en œuvre d'évaluations informatisées, notamment :

- *La disponibilité des infrastructures* : Les établissements participants doivent avoir la capacité technique d'administrer l'évaluation. Tous les élèves doivent avoir accès à un ordinateur, potentiellement à une souris et des écouteurs, ainsi qu'à une connexion Internet.
- *L'équité de l'évaluation* : La dimension technologique peut influer sur la performance des élèves aux évaluations informatisées. En effet, lorsque les élèves n'ont pas les mêmes possibilités d'accès aux technologies à l'école et à la maison, les résultats des évaluations pourront alors refléter davantage des différences de maîtrise des outils technologiques que de connaissances ou de compétences dans le domaine ciblé. Les procédures d'administration devront donc au minimum laisser aux élèves le temps de se familiariser avec le format d'évaluation avant le début des épreuves.

Avant de passer au format informatisé, les équipes nationales d'évaluation doivent se poser plusieurs questions, notamment :
- Y a-t-il des compétences ou aptitudes ciblées (par exemple, résolution de problèmes ou raisonnement critique) qui seraient mieux évaluées à l'aide de types d'items innovants uniquement disponibles au format informatisé ?
- Les établissements participants disposent-ils de l'infrastructure informatique nécessaire à l'administration d'une évaluation informatisée ?
- Les élèves ont-ils accès aux technologies à l'école et à la maison ?
- Les élèves ont-ils les mêmes possibilités d'accès aux technologies et le même degré d'aisance en la matière ?

Quels éléments doivent figurer dans le manuel d'administration de l'évaluation ?

L'équipe nationale d'évaluation doit définir des procédures qui garantissent une mise en œuvre sécurisée et standardisée de l'évaluation, et s'assurer que les établissements d'enseignement ont connaissance de ces procédures et des responsabilités qui leur incombent durant la mise en œuvre de l'évaluation.

L'ensemble de ces informations sont communiquées dans le manuel d'administration de l'évaluation.

Anderson et Morgan (2008) donnent un aperçu du contenu d'un manuel de ce type, qui spécifie notamment :

- Les tâches et responsabilités incombant aux administrateurs de test à chaque étape du processus d'évaluation
- Les responsabilités incombant aux établissements participant à l'évaluation, notamment les exigences en matière d'espace et l'aménagement des salles pour les épreuves, ainsi que les aménagements spécifiques que les établissements doivent mettre en place pour les élèves qui y ont droit
- Les ressources que les administrateurs de test doivent mettre à disposition des élèves (par exemple, carnets de test et formulaires de réponse, appareils numériques avec logiciel d'évaluation)
- Les ressources que les établissements doivent mettre à disposition des élèves (par exemple, crayons, gommes, règles et calculettes)
- Le personnel de l'établissement autorisé, en dehors de l'administrateur de test, à être présent dans la salle pendant les épreuves
- Le déroulé temporel des épreuves (dans l'ensemble et par composante spécifique)
- Les responsabilités incombant au personnel de l'établissement avant, pendant et après l'administration de l'évaluation.

En général, il est de la responsabilité de l'établissement d'enseignement d'assurer la sécurité du matériel d'évaluation, notamment un espace de stockage adéquat et toutes les procédures à suivre. Les carnets de test et de réponse doivent être clairement identifiés avec le nom ou le numéro d'identification des élèves, et toute autre information nécessaire à la collecte et à l'analyse des données, comme la classe, l'année d'études ou l'établissement. Les carnets de test doivent être vérifiés à l'aide d'une liste complète des élèves sélectionnés pour participer à l'évaluation afin de s'assurer que tout le matériel a bien été récupéré après l'administration des épreuves. Anderson et Morgan (2008) expliquent comment les établissements doivent gérer le suivi des élèves et s'adapter en cas d'absence prévue ou imprévue, et donc de non-participation, de certains d'entre eux.

Une fois complétés, tous les carnets de test et de réponse devront être triés puis stockés dans une pièce fermée à clef afin d'empêcher tout accès au matériel de test en dehors des épreuves ou par toute personne non autorisée (Anderson et Morgan, 2008).

Comment évaluer les élèves ayant des besoins spécifiques d'éducation ?

Les ministères de l'Éducation, agences nationales d'évaluation et autres organismes participant à la conception, à l'administration et à l'utilisation des évaluations à grande échelle et des examens à impact élevé, signalent de plus en plus les difficultés liées à l'évaluation des élèves ayant des besoins spécifiques d'éducation. Les normes professionnelles des évaluations éducatives soulignent l'importance de concevoir des évaluations standardisées facilitant, dans la mesure du possible, l'accessibilité à tous les élèves. Le processus de conception des évaluations doit ainsi respecter le principe d'universalité, visant à maximiser l'accessibilité et l'équité pour tous les élèves, quelles que soient leurs caractéristiques personnelles (AERA, APA et NCME, 2014 ; ETS, 2014).

Les équipes d'évaluation doivent, à cet égard, envisager tout un ensemble d'aménagements et d'adaptations pour améliorer l'accessibilité des évaluations aux élèves ayant des besoins spécifiques d'éducation. Ces aménagements ou adaptations spécifiques dépendront de l'objectif de l'évaluation, du domaine de connaissance mesuré, et des besoins de chaque groupe ou élève (par exemple, physiques, sensoriels, cognitifs ou linguistiques). Ils devront permettre une meilleure comparabilité des scores, sans affecter pour autant la validité ou la fiabilité des résultats. Des aménagements ou adaptations efficaces permettent ainsi de supprimer les obstacles à la performance des élèves, sans pour autant leur procurer un avantage injuste par rapport à ceux qui n'en bénéficient pas (AERA, APA et NCME, 2014 ; ETS, 2014).

Parmi les exemples d'adaptations des évaluations, citons les carnets de test en braille ou en gros caractères, les dispositifs d'agrandissement des éléments visuels, les dispositifs de lecture à voix haute pendant l'évaluation, les écouteurs et autres appareils audio, et l'allongement du temps imparti pour les épreuves ou l'organisation de plusieurs sessions d'évaluation.

L'évaluation devra-t-elle être adaptée au fil du temps ?

Chacune des décisions portant sur la conception d'une évaluation abordée dans ce chapitre pourra nécessiter un nouvel examen à chaque nouveau cycle d'évaluation. Les parties prenantes pourront en effet avoir de nouvelles questions sur les apprentissages des élèves traduisant de nouveaux besoins d'information ; différents facteurs économiques, sociaux ou politiques pourront en outre nécessiter des modifications par rapport aux cycles précédents. Plusieurs années peuvent ainsi être nécessaires à la mise en place d'un système complet d'évaluation à grande échelle, et à la mise en œuvre d'une évaluation apportant des réponses efficaces aux besoins des différentes parties prenantes (Anderson et Morgan, 2008).

L'Institut coréen en charge des programmes de cours et des évaluations (l'agence d'évaluation des élèves de la République de Corée) administre l'Évaluation nationale annuelle des acquis des élèves (National Assessment of Educational Achievement [NAEA]) depuis 1998. Cette évaluation, basée sur le programme de cours national, est conçue pour fournir des informations sur l'évolution des niveaux de compétence des élèves et la qualité des établissements d'enseignement.

Au cours des 30 dernières années, la République de Corée a mis en œuvre différentes réformes éducatives que les résultats de la NAEA ont éclairées et qui ont influé sur la conception de l'évaluation (Ra, Kim et Rhee, 2019). La NAEA offre ainsi un bon exemple de la manière dont la conception des évaluations à grande échelle peut s'adapter au contexte global au fil du temps, tout en ne perdant rien de leur efficacité (encadré 4.6).

ENCADRÉ 4.6. Structure et principales évolutions de l'Évaluation nationale des acquis des élèves de la République de Corée

Formulation du plan directeur de l'Évaluation nationale des acquis des élèves (National Assessment of Educational Achievement [NAEA]) (1998–2002)

- Le plan directeur proposait l'évaluation de deux à trois matières par année.
- La mise en œuvre de l'évaluation a débuté en 2000, avec des échantillons nationaux d'élèves en fin de scolarité primaire (6e année), du collège (9e année), et de deuxième année du lycée (12e année), ensuite remplacés par ceux de 11e année.
- Les résultats de l'évaluation étaient communiqués aux élèves.

Évolutions méthodologiques de la NAEA (2003–06)

- Des procédures normatives ont été utilisées pour définir les niveaux de compétence.
- Des modèles d'items communs ont été utilisés pour permettre l'équivalence des scores d'évaluation et l'analyse de l'évolution des résultats dans le temps.
- Le plan d'échantillonnage a été systématisé pour améliorer la généralisation des résultats de l'évaluation.

Préparation de l'évaluation basée sur un recensement (2007–08)

- Avant 2006, environ 1 % des élèves des années d'études évaluées étaient échantillonnés à l'échelle nationale.
- La taille de l'échantillon a ensuite augmenté pour passer à 3 % des effectifs scolarisés en 2006, à 4 % en 2007 et à 5 % en 2008.

Évaluation basée sur un recensement (2009–12)

- La NAEA est devenue une évaluation basée sur un recensement en 2009.
- Les dates d'évaluation sont passées d'octobre à juillet afin de couvrir la période de rattrapage de l'année scolaire.
- La couverture de l'évaluation est passée de la première à la deuxième année du lycée.
- Les informations sur les résultats des établissements ont été rendues publiques.
- Des rapports individuels d'évaluation ont été communiqués aux élèves, aux enseignants et aux parents.

Réduction du nombre d'années d'études couvertes dans l'évaluation basée sur un recensement (2013–16)

- Les écoles primaires n'ont plus participé à l'évaluation basée sur un recensement.
- Le nombre de matières évaluées au collège est passé de cinq (coréen, mathématiques, sciences, sciences sociales et anglais) à trois (coréen, mathématiques et anglais) dans l'évaluation basée sur un recensement.

Retour à une approche basée sur des échantillons (2017-présent)

- La NAEA est repassée à une approche basée sur des échantillons et couvre des élèves du collège et du lycée.

Source : Ra, Kim et Rhee, 2019.

Quelles autres décisions techniques doivent être prises en compte lors de la planification de la prochaine évaluation à grande échelle ?

Compte tenu des progrès constants réalisés dans les domaines des mesures, de la psychométrie et des technologies, les évaluations nationales et internationales à grande échelle sont devenues plus complexes sur le plan technique et présentent désormais des caractéristiques telles que la rotation des carnets de test (voir la section 2.1), les valeurs plausibles, l'évaluation adaptative, ou encore la mise à l'échelle verticale et horizontale. Le tableau 4.4 synthétise certains usages de ces innovations dans le cadre des évaluations à grande échelle.

Ce rapport se veut une introduction aux évaluations à grande échelle. Pour les lecteurs qui seraient intéressés par ces aspects plus techniques, les références en fin de chapitre indiquent les sources couvrant ces questions plus en détail.

TABLEAU 4.4. Innovations et exemples d'utilisation de ces dernières dans le cadre des évaluations à grande échelle

Innovation	Utilisation
Rotation des carnets de test	Plusieurs carnets de test partageant un certain nombre d'items communs sont produits pour évaluer les élèves dans une matière ou une année d'études spécifiques. La rotation des carnets de test permet d'élargir l'étendue des informations collectées sur un domaine de connaissance donné sans pour autant surcharger les élèves, et de réduire les risques de fraude pendant l'administration de l'évaluation.
Valeurs plausibles	Lorsque plusieurs carnets de test sont administrés selon le principe de la rotation, des valeurs plausibles sont utilisées pour rapporter les scores des élèves sur une échelle de compétence commune, même s'ils n'ont pas répondu aux mêmes items.
Évaluation adaptative	Les évaluations adaptatives sont conçues sur la base d'algorithmes qui permettent l'administration d'items dont le niveau de difficulté s'aligne sur le niveau de compétence de l'élève. Ce type d'évaluation nécessite de disposer d'un grand nombre d'items, tous exprimés sur la même échelle de difficulté.
Mise à l'échelle horizontale	Des techniques statistiques sont utilisées pour exprimer sur une même échelle les scores des élèves provenant de différentes versions ou cycles d'une évaluation (par exemple, différentes versions de l'évaluation de la compréhension de l'écrit des élèves de 5e année, administrée deux années différentes). Ces évaluations doivent présenter un certain nombre d'items communs. La mise à l'échelle horizontale est couramment utilisée pour suivre l'évolution du niveau de performance d'un système dans le temps sur une échelle commune.
Mise à l'échelle verticale	Des techniques statistiques sont utilisées pour exprimer sur une même échelle les scores des élèves provenant de différentes évaluations, lorsque les élèves sont dans différentes années d'études (par exemple, évaluations de la compréhension de l'écrit en 5e et 8e années). Ces évaluations doivent présenter un certain nombre d'items communs. La mise à l'échelle verticale est couramment utilisée pour suivre la progression de la performance au niveau du système sur une échelle de compétence commune à mesure que les élèves progressent dans les années d'études.

Source : Synthèse des auteurs pour les besoins du présent rapport.

Idées maîtresses

- Toutes les décisions relatives à la conception de l'évaluation prises par l'équipe nationale d'évaluation doivent concourir aux objectifs de l'évaluation et aux usages qui en sont escomptés.
- Le choix des élèves à évaluer dépendra du point de vue des parties prenantes sur les âges et années d'études marquant les étapes clés de transition durant la scolarité, auxquelles des informations systémiques sur les principaux acquis des élèves doivent être collectées.
- Le choix d'une évaluation basée sur un recensement ou sur des échantillons dépendra des objectifs de l'évaluation et des usages escomptés de ses résultats.
- Le contenu de l'évaluation devra s'aligner sur le programme de cours national, alignement qui doit être codifié dans le cadre d'évaluation.
- Les items bien rédigés sont directs, clairs et conçus pour attester de connaissances, compétences et aptitudes spécifiques, conformément au cadre d'évaluation et au plan d'évaluation.
- Les évaluations nationales à grande échelle sont en général administrées dans la langue officielle d'enseignement ; toutefois, lorsque cette langue est différente de celle parlée en famille, il peut être nécessaire de procéder à des adaptations, en particulier pour les élèves les plus jeunes.
- La collecte d'informations contextuelles sur les enseignants, les classes, les élèves et les communautés peut fournir des indications précieuses sur les facteurs contribuant aux écarts de performance et indiquer des pistes d'amélioration.
- Les pays envisageant l'administration d'une évaluation informatisée doivent tenir compte de la disponibilité des infrastructures technologiques dans les établissements d'enseignement et s'interroger sur l'équité de ce format d'évaluation pour tous les élèves, au regard de leurs compétences préalables en informatique.
- Le manuel d'administration de l'évaluation doit décrire les processus et procédures nécessaires pour garantir que chaque élève participant à l'évaluation puisse le faire dans les mêmes conditions.
- Les décisions d'ordre conceptuel ne sont pas permanentes et doivent être réexaminées à la lumière de l'évolution des systèmes d'éducation et des besoins des parties prenantes.

Références

AERA (American Educational Research Association), APA (American Psychological Association), and NCME (National Council on Measurement in Education). 2014. *Standards for Educational and Psychological Testing*. Washington, DC: AERA.

Agencia de Calidad de la Educación. 2020. "SIMCE." https://www.agenciaeducacion.cl/simce/.

Anderson, Prue, and George Morgan. 2008. *National Assessments of Educational Achievement, Volume 2: Developing Tests and Questionnaires for a National Assessment of Educational Achievement*. Washington, DC: World Bank.

ETS (Educational Testing Service). 2014. *2014 ETS Standards for Quality and Fairness*. Princeton, NJ: ETS.

Greaney, Vincent, and Thomas Kellaghan. 2008. *National Assessments of Educational Achievement, Volume 1: Assessing National Achievement Levels in Education*. Washington, DC: World Bank.

Kafle, Badusev, Shyam Prasad Acharya, and Deviram Acharya. 2019. *National Assessment of Student Achievement 2018. Main Report*. Sanothimi, Bhaktapur: Government of Nepal, Ministry of Education, Science and Technology, Education Review Office.

Ministério da Educação. 2020. "Prova Brasil—Apresentação." http://portal.mec.gov.br/prova-brasil.

NAEP (National Assessment of Education Progress). 2019. "NAEP Assessment Sample Design." https://nces.ed.gov/nationsreportcard/tdw/sample_design/.

Ra, Sungup, Sungsook Kim, and Ki Jong Rhee. 2019. *Developing National Student Assessment Systems for Quality Education: Lessons from the Republic of Korea*. Manila, Philippines: Asian Development Bank.

UNICEF (United Nations Children's Fund) and SEAMEO (Southeast Asian Ministers of Education Organization). 2017. "SEA-PLM 2019 Assessment Framework, 1st Ed." Bangkok, Thailand: UNICEF and SEAMEO. https://www.seaplm.org/PUBLICATIONS/frameworks/sea-plm%202019%20assessment%20framework.pdf.

Wolff, Laurence. 2007. "The Costs of Student Assessments in Latin America." Working Paper No. 38, Partnership for Educational Revitalization in the Americas, Washington, DC.

Chapitre 5
QUE FAUT-IL GARDER À L'ESPRIT LORS DE LA MISE EN ŒUVRE DES ÉVALUATIONS À GRANDE ÉCHELLE ?

Tandis que les activités de la phase de développement d'une évaluation à grande échelle sont généralement centralisées, le processus de mise en œuvre est, quant à lui, décentralisé. Au cours de cette nouvelle phase, l'attention de l'équipe nationale d'évaluation se porte sur les divers contextes locaux dans lesquels ont lieux les apprentissages.

Quels sont les principaux éléments à prendre en considération pour la phase de mise en œuvre ?

Greaney et Kellaghan (2008, 2012) décrivent en détail les activités liées à la mise en œuvre d'une évaluation nationale à grande échelle. Ce chapitre met en lumière les plus importantes d'entre elles, qui jouent un rôle essentiel dans la réussite de cette phase.

COMMUNICATION AVEC LES ÉTABLISSEMENTS D'ENSEIGNEMENT
Une fois achevé le processus de sélection des établissements d'enseignement, les chefs d'établissement doivent être informés de la participation de leur établissement à l'évaluation. Des directives doivent alors être communiquées aux établissements concernant les points suivants :
- Objectif de l'évaluation et utilisation de ses résultats
- Calendrier de l'évaluation

- Élèves participant à l'évaluation
- Temps de classe requis pour la participation à l'évaluation
- Exigences en matière d'espace ou matériel supplémentaire à fournir
- Modalités de stockage du matériel d'évaluation avant, pendant et après l'administration des épreuves.

Les établissements doivent en outre être informés des modalités de leur sélection dans l'échantillon (lorsqu'une approche basée sur des échantillons est utilisée) et des critères de sélection des classes et élèves participants. Ils doivent avoir la garantie de la confidentialité de toutes les informations recueillies durant le processus d'évaluation. Les administrateurs de test devront assurer un suivi actif auprès des établissements pour confirmer leur participation quelques semaines avant la ou les date(s) des épreuves ; cette participation devra être à nouveau confirmée quelques jours avant les épreuves afin de s'assurer de la disponibilité du matériel et de la bonne préparation de chacun aux activités d'administration.

CONDITIONNEMENT DU MATÉRIEL

Des procédures de conditionnement doivent être définies et documentées afin d'éviter la perte de carnets de test et la fuite d'items (Greaney et Kellaghan, 2012). Le tableau 5.1 présente un exemple de liste de vérification pour l'étape du conditionnement. Cette liste inclut l'ensemble du matériel que l'équipe nationale d'évaluation doit fournir aux établissements participants. Elle doit être personnalisée et suffisamment détaillée pour permettre l'administration de l'évaluation et la collecte des données. À titre d'exemple, si les élèves doivent remplir des feuilles de réponse Scantron, des crayons HB devront leur être fournis afin que leurs réponses puissent ensuite être notées correctement. Les membres de l'équipe nationale d'évaluation doivent par ailleurs dater et signer les cases

TABLEAU 5.1. Liste de vérification du conditionnement

Nombre	Article	Conditionné	Reçu	Renvoyé
	Date			
40	Carnets de test des élèves			
40	Questionnaires Élèves			
45	Crayons			
45	Gommes			
5	Carnets de test supplémentaires			
5	Questionnaires supplémentaires			
45	Élastiques			
3	Enveloppes pré-remplies			
2	Formulaires d'administration de l'évaluation			
1	Formulaire de suivi des élèves			

Source : Adapté de Greaney et Kellaghan, 2012.

prévues à cet effet dans les colonnes *Conditionné* et *Renvoyé* de la liste de vérification. Le coordinateur Établissement devra en faire de même dans la colonne *Reçu*, après vérification du matériel envoyé par le bureau national d'évaluation. Il est recommandé d'organiser le matériel de manière fonctionnelle (par exemple, par paquets de 20 carnets de test), de prévoir des carnets de test et des questionnaires supplémentaires en cas d'imprévu, et d'identifier chaque paquet en conséquence.

TRANSPORT ET STOCKAGE

Les coûts, la main-d'œuvre et les ressources nécessaires pour l'impression, le transport sécurisé et le stockage du matériel d'évaluation sont souvent sous-estimés. Avant l'administration des épreuves, l'équipe d'évaluation devra prévoir la distribution en temps voulu du matériel d'évaluation, en tenant compte de facteurs tels que les modes de livraison disponibles ou l'éloignement de certains lieux. Ce calcul devra également prendre en compte le temps nécessaire à la collecte du matériel auprès des établissements d'enseignement et à son traitement.

Comme évoqué au chapitre 3, des espaces sécurisés seront nécessaires pour stocker le matériel d'évaluation et l'organiser avant son expédition, lors de sa livraison dans les établissements et après l'administration de l'évaluation. Durant le transport, un conditionnement et des ressources supplémentaires pourront être nécessaires pour éviter tout accès non autorisé au matériel d'évaluation ou son altération (Anderson et Morgan, 2008). En France, l'ensemble du matériel d'évaluation est par exemple conditionné et scellé dans un sac en plastique noir spécial, difficile à ouvrir et qui, une fois ouvert, ne peut être refermé.

SUIVI DE LA PARTICIPATION

Des niveaux élevés de participation sont importants pour garantir la fiabilité et la validité des résultats d'évaluation. L'International Association for the Evaluation of Educational Achievement demande par exemple aux pays de garantir un taux de participation minimal de 85 % pour les établissements d'enseignement, de 95 % pour les classes et de 85 % pour les élèves dans le cadre de ses évaluations Trends in International Mathematics and Science Study (TIMSS) et Progress in International Reading Literacy Study (PIRLS) (Martin, Mullis et Hooper, 2016, 2017). Le suivi de la participation ou non des établissements, des classes et des élèves est essentiel pour la gestion des activités administratives et la précision de l'analyse des données collectées lors de l'évaluation.

L'équipe d'évaluation nationale à grande échelle devra tenir une liste des établissements dont la participation est confirmée afin de faciliter le suivi de l'avancement des travaux sur le terrain (tableau 5.2). Dans le cadre d'une évaluation basée sur un recensement, les établissements qui ne participent pas ne peuvent pas être remplacés. En revanche, dans le cadre d'une évaluation basée sur des échantillons, si la participation est libre et un établissement choisit de ne pas participer, ou encore si des circonstances l'en empêchent, le statisticien de l'équipe pourra identifier un autre établissement du même type pour le remplacer.

TABLEAU 5.2. Évaluation nationale à grande échelle : Formulaire de suivi des établissements

Rang de priorité de l'établissement[a]	Numéro d'identification de l'établissement	Nom, adresse et numéro de téléphone de l'établissement	Taille de l'établissement	Statut (participant ou non-participant)	Date d'envoi du matériel	Date de réception du matériel	Date de l'évaluation
1							
1							
1							
1							
2							
2							
2							

Source : Adapté de Greaney et Kellaghan, 2012.
Note : [a]Les établissements sélectionnés dans l'échantillon ont un rang de priorité 1 et les établissements de remplacement, un rang de priorité 2.

Tout remplacement d'établissement doit être fait avec soin, afin de maintenir la représentativité de l'échantillon, et toute non-participation, consignée. Greaney et Kellaghan (2012) décrivent de façon plus détaillée les processus et procédures de remplacement des établissements ou des élèves.

Pour les établissements participants, les administrateurs de test doivent s'assurer que les classes sélectionnées sont bien celles qui prennent effectivement part à l'évaluation, et consigner tout manquement aux procédures standard d'évaluation. Dans chaque classe, les administrateurs de test doivent consigner les informations relatives à la participation de chaque élève : le nombre total d'élèves évalués, ceux exclus de l'évaluation, ceux absents de l'établissement ou de la classe, ou encore ceux partis avant d'avoir terminé l'évaluation.

Le graphique 5.1 présente un exemple de formulaire de suivi des élèves. Y sont en général consignés le nom de chaque élève, son numéro d'identification, sa date de naissance, son sexe, sa présence lors des différentes sessions d'évaluation et, le cas échéant, lors des sessions de remplacement. Lorsque l'évaluation nécessite plusieurs sessions, la présence de l'élève doit être consignée pour chacune d'entre elles.

Quels sont les points importants à prendre en compte lors de l'administration de l'évaluation ?

CALENDRIER ET SÉCURITÉ DE L'ÉVALUATION

Selon la longueur de l'évaluation, il se peut que toutes les épreuves ne puissent pas être effectuées le même jour ; il sera alors essentiel que l'administrateur de test garantisse la sécurité du matériel (Greaney et Kellaghan , 2008, 2012). Il devra ainsi s'assurer que le matériel d'évaluation est correctement identifié,

GRAPHIQUE 5.1. Évaluation nationale à grande échelle : Formulaire de suivi des élèves

Nom de l'établissement : _____

ID de l'établissement	ID de la classe	Nom de la classe	Année d'études

Nom de l'élève	ID de l'élève	Date de naissance	Sexe	Exclu	Abandon	Session	Session de remplacement

Source : Adapté de Greaney et Kellaghan, 2012.

collecté et sécurisé après chaque session d'évaluation. Une préparation et une coordination minutieuses avec les établissements en amont de l'évaluation peuvent contribuer à garantir la disponibilité des espaces et ressources adéquats pour le stockage sécurisé des carnets de test et de réponse.

CONDITIONS LOCALES

Avant la mise en œuvre, les administrateurs de test devront avoir reçu les manuels d'administration et suivi les sessions de formation pour s'assurer de leur bonne compréhension des procédures d'administration et donc, par la suite, de la bonne exécution de ces dernières. Cette préparation revêt une importance toute particulière, compte tenu de la grande diversité des conditions d'évaluation que les administrateurs de test peuvent rencontrer, afin de s'assurer que les élèves pourront être correctement installés et que rien, dans les classes, ne les distraira ou les aidera lors des épreuves. Il pourra être utile de créer une liste de vérification que les administrateurs de test pourront passer en revue avant les épreuves. Voici, à titre d'exemple la liste des questions posées par les évaluateurs chargés du contrôle qualité dans le cadre de l'enquête TIMSS (Greaney et Kellaghan, 2012) :

- Y a-t-il un nombre suffisant de carnets de test ?
- Y a-t-il un nombre suffisant de feuilles de réponse pour les élèves ?
- Les carnets de test sont-ils scellés ou ont-ils été altérés avant leur distribution aux élèves ?
- Les classes disposent-elles du nombre de sièges et de l'espace adéquats pour accueillir les élèves participant à l'évaluation ?
- Les administrateurs de test ont-ils accès dans toutes les classes à une horloge, un chronomètre ou un minuteur ?
- Y a-t-il suffisamment de crayons et autre matériel ?
- En cas d'utilisation de feuilles Scantron, y a-t-il suffisamment de crayons HB ?

Bien que les administrateurs de test aient un certain contrôle sur l'environnement de la classe et les paramètres de l'évaluation, ils ne peuvent en revanche pas contrôler le comportement des enseignants ou des élèves. Les élèves peuvent par exemple arriver en retard aux sessions d'évaluation ou partir avant d'avoir terminé certaines parties des épreuves. Les enseignants ou les chefs d'établissement peuvent, quant à eux, insister pour assister aux épreuves, alors que leur présence n'est pas prévue dans les procédures standard. Comme pour la participation, l'administrateur de test devra alors consigner tout manquement à ces procédures (Anderson et Morgan, 2008). Le graphique 5.2 présente un formulaire d'administration de l'évaluation qui pourra servir dans le cadre du processus de contrôle qualité et pour consigner tout incident éventuel.

ATTRIBUTION ET IDENTIFICATION DES CARNETS DE TEST

L'évaluation peut s'effectuer en plusieurs sessions. Les élèves pourront alors consigner leurs réponses pour l'ensemble des sessions dans un seul ou dans plusieurs carnets de test (par exemple, un par session ou par matière évaluée). Ces carnets de test doivent être identifiés avec précision, afin que le travail de chaque élève soit effectivement porté à son crédit. Cette identification revêt une importance toute particulière lorsque les élèves utilisent plusieurs carnets de test, car ceux-ci seront ensuite regroupés pour le contrôle qualité et l'analyse des données une fois l'évaluation terminée. Les administrateurs de test devront ainsi veiller à ce que les élèves complètent la partie identification de leurs carnets de test de manière cohérente, lisible et exhaustive (Greaney et Kellaghan, 2012).

Idées maîtresses

- Les étapes de planification et de préparation jouent un rôle essentiel dans la réussite de la mise en œuvre des évaluations.
- Une communication régulière, et menée bien en amont des épreuves, avec l'équipe administrative et la direction des établissements est essentielle pour garantir le succès d'une campagne d'évaluation à grande échelle. Ces acteurs doivent en effet comprendre qui sera évalué, pourquoi l'évaluation a lieu dans leur établissement, ce qui sera évalué et combien de temps durera l'exercice, afin de pouvoir s'organiser en conséquence.

GRAPHIQUE 5.2. Exemple de formulaire d'administration de l'évaluation

Complétez un formulaire par session d'évaluation.

Nom de l'administrateur de test : _____

ID de l'établissement : _____

Nom de l'établissement : _____

Nom de la classe : _____

Coordinateur ou point de contact de l'établissement : _____

Session d'évaluation initiale : _____

Session d'évaluation de remplacement (le cas échéant) : _____

Date de l'épreuve : _____

Heure de l'épreuve

Heure de début	Heure de fin	Détail
		Distribution du matériel d'évaluation
		Session d'évaluation 1
		Session d'évaluation 2
		Session d'évaluation 3
		Session d'évaluation 4

1. Des circonstances particulières ou des événements inhabituels se sont-ils produits pendant la session ?

   NON _____

   OUI _____ *Veuillez préciser*
   _____

2. Les élèves ont-ils rencontré des problèmes particuliers lors de l'évaluation (par exemple, épreuves trop difficiles, temps imparti insuffisant, problèmes linguistiques, fatigant, consignes pas assez claires) ?

   NON _____

   OUI _____ *Veuillez préciser*
   _____

3. Y a-t-il eu des problèmes avec le matériel d'évaluation (par exemple, erreurs, pages blanches, langage inapproprié, oublis dans les formulaires de suivi des élèves, nombre insuffisant de carnets de test ou de questionnaires) ?

   NON _____

   OUI _____ *Veuillez préciser*
   _____

Source : Adapté de Greaney et Kellaghan, 2012.

- Le suivi de la participation ou non des établissements et des élèves est important pour la gestion de l'administration de l'évaluation et l'analyse des données en résultant.
- Les listes de vérification et les formulaires standard peuvent faciliter le suivi de l'assemblage, de l'utilisation, de la distribution et du retour du matériel d'évaluation.
- Les ressources et le temps nécessaires à l'organisation, au conditionnement sécurisé et au transport du matériel d'évaluation doivent être pris en compte et sont souvent sous-estimés dans les prévisions budgétaires.

- Les listes de vérification et formulaires peuvent aider à s'assurer que les administrateurs de test sont bien préparés à l'administration des épreuves conformément aux procédures décrites dans le manuel d'administration de l'évaluation.
- Le suivi et le compte-rendu des conditions locales au moment de l'évaluation sont importants dans une perspective de responsabilisation et d'amélioration continue des activités d'évaluation.

Références

Anderson, Prue, and George Morgan. 2008. *National Assessments of Educational Achievement, Volume 2: Developing Tests and Questionnaires for a National Assessment of Educational Achievement*. Washington, DC: World Bank.

Greaney, Vincent, and Thomas Kellaghan. 2008. *National Assessments of Educational Achievement, Volume 1: Assessing National Achievement Levels in Education*. Washington, DC: World Bank.

Greaney, Vincent, and Thomas Kellaghan. 2012. *National Assessments of Educational Achievement, Volume 3: Implementing a National Assessment of Educational Achievement*. Washington, DC: World Bank.

Martin, Michael O., Ina V. S. Mullis, and Martin Hooper, eds. 2016. *Methods and Procedures in TIMSS 2015*. Boston, MA: TIMSS and PIRLS International Study Center. http://timssandpirls.bc.edu/publications/timss/2015-methods.html.

Martin, Michael O., Ina V. S. Mullis, and Martin Hooper, eds. 2017. *Methods and Procedures in PIRLS 2016*. Boston, MA: TIMSS and PIRLS International Study Center. https://timssandpirls.bc.edu/publications/pirls/2016-methods.html.

Chapitre 6
QUELLES SONT LES ÉTAPES CLÉS DE L'ANALYSE DES DONNÉES DES ÉVALUATIONS À GRANDE ÉCHELLE ?

Une fois l'évaluation administrée, l'équipe nationale d'évaluation doit interpréter les données collectées. Ce chapitre se propose de donner un aperçu des principales activités analytiques à mener après l'administration de l'évaluation : correction et synthèse de la performance des élèves, codage des données des questionnaires contextuels, et réalisation d'analyses de base pour résumer les résultats qui seront présentés dans le rapport principal de la campagne d'évaluation.

Les rapports d'évaluation comprennent en général des analyses descriptives résumant les performances globales des élèves et les performances moyennes de différents sous-groupes, comme les garçons et les filles, ou encore les élèves de l'enseignement public et ceux du privé. Ils peuvent aussi inclure des analyses plus approfondies explorant les relations entre facteurs contextuels et résultats des élèves. Les résultats sont présentés sous forme narrative et accompagnés de tableaux et graphiques afin de faciliter la compréhension d'un large public (Shiel et Cartwright, 2015).

Comment les carnets de test et les questionnaires sont-ils notés et codés ?

Une fois l'évaluation administrée, les réponses des élèves doivent être notées et enregistrées pour analyse. Les équipes nationales d'évaluation doivent allouer suffisamment de temps, d'espace et de ressources à la réalisation de ces tâches de gestion des données. Il est en effet essentiel de prévoir des ressources suffisantes pour ces tâches, car l'exactitude des données est une condition indispensable pour effectuer des analyses statistiques (Shiel et Cartwright, 2015).

La gestion des données couvre la documentation, l'organisation et le stockage des données collectées. De bonnes pratiques en la matière permettent de garantir la cohérence de la manière dont les informations sont collectées, codées et organisées pour l'analyse des données. Les procédures de gestion des données réduisent en outre le risque d'erreurs susceptibles de passer inaperçues tout au long de la durée du projet. En particulier, plus le volume des données sera important, plus il sera utile pour les équipes d'évaluation de disposer d'un plan et de protocoles clairs en matière de gestion des données, ainsi que de personnel ayant l'expertise nécessaire, notamment de statisticiens et de spécialistes des technologies de l'information.

Les équipes d'évaluation doivent créer un manuel de codage décrivant chaque variable des fichiers de données et définissant les valeurs autorisées pour chacune d'entre elles. Ce manuel répertorie chaque item de l'évaluation et sa variable correspondante dans la base de données, les codes de variable pour les options de réponse, les formats de variables, et les codes des valeurs manquantes (Shiel et Cartwright, 2015).

Les correcteurs chargés de la correction des items à choix multiples auront besoin d'un corrigé détaillant les réponses correctes identifiées pour chaque item. Le manuel de codage leur indique les codes à saisir dans la base de données en cas de réponse correcte, incorrecte ou manquante, ou lorsqu'un élève choisit plusieurs options de réponse alors que ce n'est pas la consigne (encadré 6.1).

La plupart des manuels de codage sont créés à l'aide de Microsoft Excel et Microsoft Word, car ces fichiers peuvent facilement être sauvegardés et exportés vers d'autres formats. Ces manuels de codage indiquent aux spécialistes extérieurs la signification de chaque variable et les valeurs qui lui sont associées, leur permettant ainsi d'analyser les données sans faire systématiquement appel à l'équipe chargée de la collecte et du codage des données.

Les items à réponse ouverte et à réponse courte nécessitent des grilles pour l'évaluation des réponses des élèves, qui doivent être incluses dans le manuel de codage (encadré 6.2). Les correcteurs doivent y trouver des règles de correction claires, accompagnées d'exemples indiquant comment noter les réponses illisibles ou manquant de clarté.

Anderson et Morgan (2008) décrivent en détail la façon dont les équipes de correcteurs doivent être structurées pour garantir la fiabilité de la correction des réponses des élèves aux items à réponse ouverte. Greaney et Kellaghan (2008, 2012) détaillent quant à eux les étapes supplémentaires pour les processus de gestion et de saisie des données.

Quel est le rôle des poids d'échantillonnage ?

Avant toute analyse, y compris les résumés descriptifs de la performance des élèves, les données collectées dans le cadre de l'évaluation doivent être organisées

> **ENCADRÉ 6.1.** Exemple d'item et d'informations y afférentes dans le manuel de codage
>
> **Item 6. Compréhension de l'écrit**
>
> **6. D'après le texte, Sara et sa famille sont allées à** _____
>
> **A.** La rivière
>
> **B.** La plage *
>
> **C.** La campagne
>
> **D.** La montagne
>
> **Item** : 6. D'après le texte, Sara et sa famille sont allées à _____
>
> **Nom de la variable** : item 6
>
> **Réponse correcte** : B.
>
> **Codes des options de réponse.**
>
> (1) Réponse correcte.
>
> (0) Réponse incorrecte.
>
> (–999) Valeur manquante.
>
> **Note** : Toute autre valeur est considérée non valide.
>
> *Source :* Synthèse des auteurs pour les besoins du présent rapport.

et mises en correspondance avec les données démographiques ou celles des questionnaires. Dans le cas des évaluations basées sur des échantillons, qui emploient des méthodes complexes pour la collecte des données, des poids d'échantillonnage doivent être calculés et appliqués aux réponses des élèves (Shiel et Cartwright, 2015). Cette pondération permet de garantir que les informations dérivées de l'échantillon offrent une représentation exacte de l'ensemble des effectifs d'élèves. Les lecteurs qui seraient intéressés par cette question sont invités à consulter l'ouvrage de Shiel et Cartwright (2015), qui traite des poids d'échantillonnage et de la manière d'effectuer tout un ensemble d'analyses statistiques descriptives ou déductives intégrant ce type de pondération.

Quelles sont les façons courantes de décrire la performance des élèves ?

La synthèse de la performance des élèves, pour l'ensemble des effectifs et des sous-groupes particuliers, est au cœur du rapport d'évaluation principal. Ces résumés chiffrés doivent décrire la performance de l'élève type ou moyen, et fournir aux lecteurs des informations sur la variation des résultats. La section suivante donne un bref aperçu conceptuel de certaines des façons dont les équipes d'évaluation peuvent résumer et communiquer les résultats d'évaluation aux principales parties prenantes (Shiel et Cartwright, 2015).

> **ENCADRÉ 6.2. Grilles de correction**
>
> Une grille de correction consiste en un ensemble de consignes de correction, accompagnées d'exemples ou de descripteurs de l'éventail de réponses possibles des élèves. Elle est destinée à faciliter la fiabilité de la correction des réponses ouvertes. Il est essentiel pour l'équipe d'évaluation de confirmer que ces consignes de correction sont adéquates pour l'ensemble des analyses prévues.
>
> Un exemple de grille de correction, tiré de l'évaluation régionale à grande échelle menée en Amérique latine par le Laboratorio Latinoamericano de Evaluación de la Calidad de la Educación (LLECE), est présenté ci-dessous. Cette évaluation fait l'objet d'un examen plus détaillé au chapitre 9. L'évaluation de langue du LLECE, administrée en 2013, comprend une tâche d'expression écrite notée à l'aide d'une grille comportant huit indicateurs. Chacun de ces indicateurs comprend lui-même quatre niveaux de performance. L'indicateur *Genre* est présenté ci-après. La tâche proposée à l'élève consiste à écrire une lettre à un ami ; cet indicateur évalue si la lettre ainsi rédigée comporte tous les éléments formels qu'elle est censée inclure. Comme nous l'avons vu, les consignes de correction doivent décrire les caractéristiques des réponses des élèves pour tout l'éventail des niveaux de compétence, afin d'aider les correcteurs à effectuer une correction fiable. Les consignes doivent en outre être rédigées de manière à garantir un niveau élevé de fiabilité entre correcteurs (plusieurs correcteurs lisant la même réponse à un item ouvert la noteront de manière similaire).
>
> Les études pilotes offrent de précieuses occasions de recueillir des données sur les modifications à apporter aux grilles de correction. L'éventail de réponses d'élèves collectées durant ces études peut ainsi éclairer la révision des grilles et des exemples les accompagnant, afin de s'assurer qu'ils reflètent bien une vision réelle, et non idéalisée, des niveaux de compétence des élèves.
>
> **Indicateur et dimensions de la grille de correction du LLECE 2013 pour un item d'expression écrite**
>
> **Indicateur 1b. Genre.** Cet indicateur mesure la capacité à agir sur la base d'un modèle de texte socialement établi et considéré adéquat pour la résolution d'un problème de communication. Dans ce cas, la notion de genre est comprise comme la manière prototypique, relativement stable et socialement acceptable dont les textes sont utilisés dans la société. L'objectif n'est pas seulement d'évaluer les aspects formels des genres de textes en termes de connaissances, mais aussi de caractériser l'utilisation des marques du discours dans un but communicatif donné (par exemple, présence de formules de politesse, adresse à un destinataire).
>
> **Niveaux de compétence et descripteurs**
>
> **Niveau 1.** Le texte rédigé n'est pas une lettre, mais relève d'un autre genre (par exemple, dialogue ou nouvelle).
>
> **Niveau 2.** Le texte rédigé est une lettre, mais ne contient aucun message clair adressé à un destinataire.
>
> **Niveau 3.** Le texte rédigé est une lettre débutant ou s'achevant par une formule de salutation au destinataire.
>
> **Niveau 4.** Le texte rédigé est une lettre débutant et s'achevant par une formule de salutation au destinataire.
>
> *Source :* Adapté de Flotts et al., 2016.

TABLEAU 6.1. Pourcentage de réponses correctes à l'évaluation nationale à grande échelle du Ghana, selon le sexe

Évaluation	Garçons (%)	Filles (%)
Mathématiques, 4e année	41.9	41.5
Mathématiques, 6e année	44.9	42.8
Anglais, 4e année	49.8	52.0
Anglais, 6e année	47.6	48.1

Source : Ministry of Education, Ghana Education Service, et National Education Assessment Unit, 2016.

Note : Les résultats sont présentés en pourcentage de réponses correctes aux items de chaque évaluation.

POURCENTAGE DE RÉPONSES CORRECTES

Une façon de rendre compte de la performance des élèves est d'indiquer le pourcentage d'items auxquels ils ont répondu correctement, pourcentage qui peut également être comparé entre différents sous-groupes. Le tableau 6.1 présente ainsi les pourcentages de réponses correctes aux évaluations nationales d'anglais et de mathématiques du Ghana, pour les filles et les garçons. Il en ressort que le pourcentage de réponses correctes aux items de mathématiques en 4e année est similaire entre les sexes ; les garçons ont toutefois un pourcentage supérieur de réponses correctes à l'évaluation de mathématiques en 6e année, tandis que ce pourcentage est plus élevé chez les filles à l'évaluation d'anglais en 4e année, et que garçons et filles obtiennent des résultats similaires à l'évaluation d'anglais en 6e année.

La communication des résultats d'évaluation par ce biais est certes un point de départ utile pour comprendre la performance des élèves à l'évaluation, mais ne permet pas de répondre à de nombreuses questions susceptibles d'être importantes pour les parties prenantes, notamment : quelle est l'ampleur de la variation de la performance à l'évaluation ? Les élèves de certains groupes sont-ils plus susceptibles que d'autres d'obtenir de meilleurs ou de moins bons résultats ? Les parties prenantes peuvent en outre souhaiter savoir combien d'élèves font preuve d'une bonne maîtrise du contenu évalué. Or, pour répondre à ces questions, les équipes d'évaluation doivent décrire la variation des résultats des élèves et caractériser leur performance au regard de normes ou de critères (Shiel et Cartwright, 2015).

APPROCHE NORMATIVE

Ce type de communication des résultats consiste à décrire la performance des élèves en fonction des caractéristiques de la distribution statistique de leurs scores à l'évaluation. Les résultats de chaque élève sont alors comparés à la performance moyenne ou type de l'ensemble des élèves évalués. La performance type peut être obtenue en utilisant la moyenne (moyenne arithmétique), la médiane (valeur centrale de la distribution des scores), ou encore le mode (score le plus fréquemment atteint). La plupart des évaluations nationales à grande échelle utilisent la moyenne arithmétique. Outre les niveaux moyens de

GRAPHIQUE 6.1. Résultats de l'évaluation nationale à grande échelle du Chili, ventilés par État

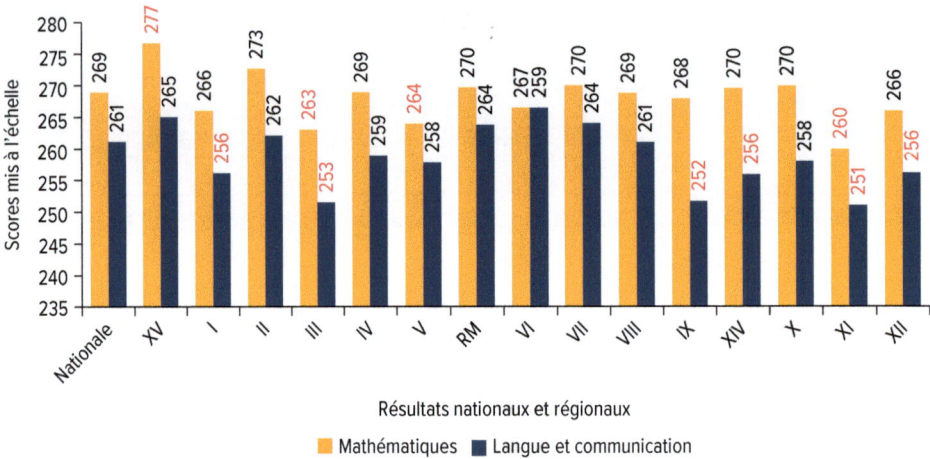

Source : Adapté de Agencia de Calidad de la Educación, 2019.

Note : RM = Région métropolitaine de la ville de Santiago.

performance, la communication des résultats doit inclure des informations sur la variation des scores des élèves, comme les fourchettes de scores (supérieure et inférieure, théorique et observée). Cette inclusion de mesures de la variabilité de la performance donne en effet aux parties prenantes un aperçu plus complet du niveau de compétence des élèves et évite toute surinterprétation des différences de performance moyenne (Shiel et Cartwright, 2015).

Le graphique 6.1 résume les résultats des épreuves de langue et communication et de mathématiques de l'évaluation nationale à grande échelle du Chili. Les deux barres à gauche représentent la moyenne nationale globale dans ces deux matières. Les scores moyens régionaux sont quant à eux représentés par les barres suivantes ; le nombre figurant au-dessus de chacune correspond au score moyen de la région concernée. Les scores régionaux en rouge sont significativement différents des scores moyens nationaux.

Cette approche normative permet de comparer les sous-groupes d'un échantillon de performances d'élèves au fil du temps, même si elle ne couvre pas directement le contenu de l'évaluation. Si les parties prenantes souhaitent comprendre le niveau de maîtrise d'un domaine par les élèves ou le type de compétences qu'ils ont acquises, elles y parviendront mieux en adoptant une approche critériée.

APPROCHE CRITÉRIÉE

Les évaluations nationales à grande échelle adoptent de plus en plus une approche *critériée* pour la communication de leurs résultats. Cette approche consiste à décrire la performance des élèves en fonction de leurs connaissances

GRAPHIQUE 6.2. Résultats de l'évaluation nationale à grande échelle du Pérou, ventilés entre zones rurales et urbaines, 2016 et 2018

	Zones rurales		Zones urbaines	
	2016	2018	2016	2018
Satisfaisant	11.20	13.00	34.40	37.80
En cours d'acquisition	24.00	22.40	34.60	32.00
Initiale	37.00	33.70	24.60	22.90
Inférieur au niveau de base	27.80	30.90	6.40	7.30

Source : Adapté de Ministerio de Educación, 2019.

et savoir-faire par rapport à des critères de compétence spécifiques à chaque domaine évalué. Au lieu de simples scores, les résultats sont ainsi communiqués à l'aide de descriptions des tâches que les élèves sont capables de mener à bien, comme lire « à un niveau de compréhension de base » ou encore effectuer « des opérations mathématiques complexes ».

La définition et l'établissement de critères est une tâche complexe qui nécessite la participation de spécialistes des programmes de cours et d'analystes en statistique ; les lecteurs qui souhaiteraient explorer cette question plus en détail sont invités à consulter l'ouvrage de Shiel et Cartwright (2015).

Le graphique 6.2 présente le pourcentage d'élèves aux différents niveaux de compétence à l'évaluation nationale à grande échelle de la compréhension de l'écrit du Pérou. Les résultats sont ventilés entre élèves des zones rurales et urbaines en 2016 et 2018. Ces deux années, les élèves des zones urbaines étaient plus susceptibles d'atteindre le niveau le plus élevé de compétence à l'évaluation.

Quelles sont les analyses de base pour déterminer les facteurs influant sur la performance des élèves ?

Divers types d'analyses peuvent être effectuées à cette fin. En voici un aperçu.

EXPLORER LES RELATIONS À L'AIDE DES CORRÉLATIONS

Une évaluation à grande échelle doit permettre d'éclairer les discussions sur la manière d'améliorer les résultats d'apprentissage. Les analyses mettant en évidence des relations entre les résultats des élèves et certains facteurs spécifiques couverts dans les questionnaires contextuels peuvent s'avérer particulièrement utiles à cet égard. Les responsables politiques et autres parties prenantes pourront par exemple souhaiter savoir s'il existe une relation entre l'assiduité des élèves et leur performance en mathématiques, ou encore entre le temps qu'ils consacrent aux devoirs et leur niveau de compétence en littératie. En fonction des relations ainsi mises au jour, différentes politiques pourront alors être adoptées pour améliorer les résultats d'apprentissage (Shiel et Cartwright, 2015).

Les corrélations sont un moyen courant de caractériser la direction et l'intensité de la relation entre les résultats d'évaluation et d'autres variables. Ainsi, si l'on observe une forte corrélation positive entre l'assiduité des élèves à l'école et leurs scores en mathématiques, on pourra en conclure que plus les élèves sont assidus, plus ils seront susceptibles d'obtenir de meilleurs résultats en mathématiques. Parallèlement, si l'on observe une corrélation négative entre l'absentéisme des élèves et leurs résultats en mathématiques, on pourra en déduire que plus un élève a de jours d'absence à l'école, plus il sera susceptible d'avoir de mauvais résultats en mathématiques. Ce type de corrélations ne garantit toutefois pas l'existence d'un lien de causalité. Ainsi, l'existence d'une forte corrélation négative entre absentéisme et scores en mathématiques ne signifie pas nécessairement que l'absentéisme des élèves *est la cause* de leurs moins bons résultats en mathématiques. Cette distinction entre corrélation et lien de causalité est examinée plus en détail dans la section suivante.

Il est également possible d'utiliser les corrélations pour comprendre les relations entre la performance des élèves à différentes évaluations du même domaine ou des mêmes compétences. Le tableau 6.2 présente ainsi les corrélations entre le niveau de compétence des élèves suédois en mathématiques, tel que mesuré dans le cadre de l'évaluation de 8ᵉ année de l'étude Trends in International Mathematics and Science Study (TIMSS), et quatre autres mesures de la performance dans ce domaine : les résultats des élèves en mathématiques aux évaluations nationales à grande échelle en 6ᵉ et 9ᵉ années, et les notes obtenues à la fin du programme de mathématiques de 6ᵉ et 9ᵉ années (Wiberg, 2019). Tous les coefficients de corrélation sont positifs, ce qui indique que les enfants obtenant de meilleurs résultats à l'évaluation de mathématiques de l'étude TIMSS ont en général également de bonnes notes à l'école et sont susceptibles d'obtenir

TABLEAU 6.2. Corrélation entre la performance des élèves à l'évaluation de mathématiques de l'étude TIMMS en 8ᵉ année et les mesures scolaires de leurs compétences en mathématiques, selon le sexe : exemple de la Suède

	6ᵉ année		9ᵉ année	
	Note en mathématiques	Évaluation nationale à grande échelle	Note en mathématiques	Évaluation nationale à grande échelle
Garçons	0.69	0.67	0.74	0.66
Filles	0.69	0.68	0.74	0.66

Source : Adapté de Wiberg, 2019.

de meilleurs scores aux évaluations nationales suédoises. Rien de très surprenant à ce constat, dans la mesure où il existe un niveau élevé d'alignement, en particulier entre le programme de mathématiques de 9e année et ce que mesure l'évaluation TIMSS. De tels résultats seraient particulièrement pertinents pour une équipe nationale d'évaluation souhaitant apporter la preuve de la validité de son évaluation nationale à grande échelle en termes de capacité à mesurer la performance des élèves dans les domaines mathématiques fondamentaux.

CORRÉLATION VS. CAUSALITÉ

Malgré l'utilité des coefficients de corrélation, il est important de ne pas les interpréter, à tort, comme la preuve de l'existence de liens de causalité. Pour établir ce type de lien, il faut en effet qu'il existe une relation spécifique entre les variables contextuelles (par exemple, l'assiduité) et celles de résultat (par exemple, la performance en mathématiques), caractérisée par trois critères : la covariation, l'antériorité temporelle et l'absence d'explications alternatives.

- *La covariation.* Ce critère signifie que lorsque la variable contextuelle augmente ou diminue, la valeur correspondante de la variable de résultat tend également à augmenter ou diminuer.
- *L'antériorité temporelle.* Pour qu'une variable contextuelle entraîne un résultat, elle doit mesurer une action, une caractéristique ou un comportement qui se produit *avant* le résultat.
- *L'absence d'explications alternatives.* Il ne peut y avoir une autre variable ou un autre ensemble de variables expliquant l'association observée entre la variable contextuelle et la variable de résultat. Dans le cadre expérimental, cette caractéristique est garantie en comparant les résultats d'un groupe témoin qui n'a pas été exposé à la variable de traitement aux résultats d'un groupe qui, lui, y a été exposé.

Il est difficile d'établir des liens de causalité à l'aide des données des évaluations à grande échelle, car celles-ci adoptent en général une approche transversale, où les informations contextuelles et les données sur la performance des élèves sont recueillies en même temps. Il n'est donc pas possible d'établir une quelconque antériorité temporelle sur la base des données de ce type d'évaluations.

Il est par ailleurs difficile d'établir des liens de causalité à l'aide des données d'évaluation, car les évaluations n'étant pas des expériences, il n'y a pas de groupe témoin. Il n'est donc pas possible d'isoler l'effet d'un ou même de plusieurs facteurs contextuels sur les résultats des élèves. Tout un ensemble de facteurs sont associés à la performance des élèves ; nombre d'entre eux sont interdépendants, notamment les caractéristiques de l'environnement en classe et des pratiques pédagogiques, ainsi que celles des élèves, de leurs familles et des communautés dans lesquelles ils vivent. Il n'est pas possible de recueillir des informations sur tous ces facteurs lors d'une évaluation nationale, compte tenu des contraintes pratiques de temps et de budget, et du caractère potentiellement sensible de la collecte des données. Or, affirmer à tort qu'il existe un lien de causalité alors que celui-ci n'a pas été établi peut conduire à la mise en œuvre de politiques inefficaces, voire contreproductives.

Qu'entend-on par validité et fiabilité des résultats ?

Les preuves de la validité et de la fiabilité des résultats doivent être documentées dans le rapport principal de l'évaluation ou dans son rapport technique. La communication de ces informations peut aider les parties prenantes à juger de l'exactitude des résultats de l'évaluation, à en faire une interprétation correcte et à les utiliser comme prévu.

VALIDITÉ

La validité requiert l'accumulation continue de preuves pour soutenir ou contester l'interprétation des résultats, leur utilisation et les conséquences prévues de cette dernière (Martone et Sireci, 2009 ; Sireci, 2009). Il existe cinq sources principales de preuves dans le cadre de validité actuel (AERA, APA et NCME, 2014). Le tableau 6.3 en présente un récapitulatif et donne des exemples des types d'études utilisées pour documenter chacune d'entre elles. En fonction des objectifs de l'évaluation et des usages escomptés de ses résultats, davantage d'efforts seront consacrés à la collecte et à la documentation de certaines sources plutôt que d'autres.

FIABILITÉ

Outre l'exigence de validité, il est essentiel que les résultats de l'évaluation caractérisent la performance des élèves de manière fiable et précise. La fiabilité est liée à la cohérence interne des items, à l'équivalence des scores entre les carnets de test et à la stabilité des scores dans le temps, qui réduit les sources potentielles

TABLEAU 6.3. Cinq principales sources de preuves de validité et exemples d'études pour les documenter

Source de preuves de validité	Exemples d'études empiriques potentielles pour documenter ces preuves
Contenu de l'évaluation	• Examen des items et de leur alignement sur le programme de cours national par des experts des matières évaluées
Processus cognitifs	• Interviews à voix haute des répondants (les répondants réfléchissent à voix haute pendant qu'ils répondent aux items de l'évaluation) • Commentaires des répondants • Utilisation d'exemples d'ancrage des réponses attendues des élèves dans les grilles de correction
Structure interne	• Corrélations inter-items par analyse factorielle exploratoire et confirmatoire
Association entre les résultats de l'évaluation et les variables externes	• Corrélation entre les résultats de l'évaluation et les variables externes
Conséquences de l'utilisation de l'évaluation	• Alignement des objectifs de l'évaluation et de son utilisation • Analyse des conséquences prévues de l'utilisation de l'évaluation

Source : Sireci, 2009.

TABLEAU 6.4. Sources de biais et fiabilité

Source de biais ou d'erreur	Coefficient de fiabilité	Procédure de collecte des données	Analyse statistique
Contenu couvert dans un seul carnet de test comportant des items potentiellement biaisés	Coefficient de cohérence interne	Administration d'un seul carnet de test en une seule fois	Coefficient alpha de Cronbach
Changements à court terme de la performance d'un répondant dus à des facteurs non liés à l'évaluation	Coefficient de stabilité temporelle	Administration de l'évaluation, délai d'attente, nouvelle évaluation à l'aide du même carnet de test	Coefficient de corrélation de Pearson
Différences dans le contenu couvert par deux carnets de test mesurant le même construct	Coefficient d'équivalence	Administration des carnets de test A et B aux mêmes répondants	Coefficient de corrélation de Pearson
Biais de correction du correcteur	Coefficient d'accord entre correcteurs	Correction du même stimulus par deux correcteurs à l'aide de la même grille ou du même outil de correction	Coefficient kappa de Cohen

Source : Synthèse des auteurs pour les besoins du présent rapport

d'erreur de mesure. Pour les items à réponse ouverte, la fiabilité doit également être établie entre les différents correcteurs chargés d'évaluer les réponses des élèves. Selon les normes actuelles des évaluations psychologiques et éducatives, le niveau de fiabilité des évaluations devrait être élevé lorsque leurs résultats ont des conséquences pour les répondants et les autres parties prenantes (AERA, APA et NCME, 2014).

Le tableau 6.4 présente les sources potentielles d'erreur de mesure et les coefficients psychométriques généralement utilisés pour décrire les propriétés de fiabilité d'un outil d'évaluation. En fonction des usages escomptés des résultats, on réalisera une ou plusieurs études pour quantifier la fiabilité des scores et le niveau d'erreur de mesure.

Les données d'évaluation, manuels de codage et rapports techniques doivent-ils être rendus publics ?

La plupart des agences d'évaluation seront limitées en termes de ressources humaines et de temps disponibles pour explorer tout l'éventail des relations possibles entre les multiples facteurs susceptibles d'influer sur la performance des élèves, en particulier lorsque le délai entre la diffusion des résultats et la planification de la prochaine évaluation à grande échelle est court. Dans de nombreux pays, les données des évaluations nationales à grande échelle et l'ensemble du matériel y afférent sont mis à la disposition des parties prenantes extérieures (par exemple, chercheurs universitaires, organisations de la société civile ou organisations internationales de développement) qui souhaiteraient effectuer une analyse secondaire des données. L'équipe nationale d'évaluation doit donc s'assurer que les données ne comportent aucune information personnelle identifiable sur les élèves avant de les rendre publiques.

La mise à disposition du public des données d'évaluation et du matériel y afférent – par exemple, manuels de codage, rapports techniques, ou encore codes statistiques – peut présenter plusieurs avantages :

- Elle permet aux experts extérieurs d'effectuer des analyses supplémentaires pouvant compléter et approfondir les résultats des agences nationales d'évaluation.
- Elle renforce la pertinence du travail des agences nationales d'évaluation, notamment en permettant aux parties prenantes extérieures de comprendre la valeur des données d'évaluation.
- Elle favorise l'innovation dans le travail des agences d'évaluation en permettant aux parties prenantes extérieures d'explorer les données existantes et de repérer les résultats susceptibles d'encourager le dialogue politique et les nouvelles initiatives.
- Elle encourage la collaboration entre agences nationales d'évaluation et parties prenantes extérieures, ainsi que la participation de nouvelles parties prenantes aux futures initiatives d'évaluation.

Idées maîtresses

- Une fois l'évaluation administrée, les équipes nationales d'évaluation doivent prévoir du temps, de l'espace et des ressources pour la correction et l'enregistrement des réponses des élèves. La planification de ces activités revêt d'autant plus d'importance quand le volume des données collectées augmente.
- Lors de la correction et de l'enregistrement des réponses des élèves, il est important que les équipes d'évaluation créent un manuel de codage répertoriant chaque item de l'évaluation et sa variable correspondante dans la base de données, les codes de variable pour les options de réponse, les formats de variables, et les codes des valeurs manquantes.
- Les manuels de codage sont des ressources précieuses, que ce soit en interne pour l'équipe d'évaluation, mais aussi en externe, pour les parties prenantes souhaitant effectuer des analyses secondaires.
- La synthèse de la performance des élèves est au cœur du rapport d'évaluation principal. L'approche adoptée pour résumer et communiquer ces résultats doit être définie lors de la phase de conception de l'évaluation et alignée sur les besoins d'information des différentes parties prenantes.

- À cet égard, l'approche normalisée donne des indications sur la performance moyenne des élèves ayant participé à l'évaluation et ceux d'entre eux plus susceptibles d'obtenir des résultats supérieurs ou inférieurs à la moyenne.
- De plus en plus répandue, l'approche critériée donne quant à elle des indications sur les savoirs et savoir-faire des élèves, ainsi que sur ceux d'entre eux qui maîtrisent les contenus d'apprentissage escomptés.
- Les coefficients de corrélation sont couramment utilisés pour décrire la relation entre les facteurs contextuels et les résultats des élèves.
- Une corrélation n'est pas nécessairement synonyme de lien de causalité, ce type de lien étant par ailleurs difficile à établir à l'aide des données généralement collectées dans le cadre des évaluations à grande échelle.

Références

AERA (American Educational Research Association), APA (American Psychological Association), and NCME (National Council on Measurement in Education). 2014. *Standards for Educational and Psychological Testing*. Washington, DC: AERA.

Agencia de Calidad de la Educación. 2019. "Informe Nacional de la Calidad de la Educación 2018." http://archivos.agenciaeducacion.cl/libro_informe_nacional.pdf.

Anderson, Prue, and George Morgan. 2008. *National Assessments of Educational Achievement, Volume 2: Developing Tests and Questionnaires for a National Assessment of Educational Achievement*. Washington, DC: World Bank.

Flotts, Paulina, Jorge Manzi, Daniela Jimenez, Andrea Abarzua, Carlos Cayuman, and Maria José Garcia. 2016. *Informe de Resultados. Tercer Estudio Regional Comparativo y Explicativo*. Santiago, Chile: UNESCO.

Greaney, Vincent, and Thomas Kellaghan. 2008. *National Assessments of Educational Achievement, Volume 1: Assessing National Achievement Levels in Education*. Washington, DC: World Bank.

Greaney, Vincent, and Thomas Kellaghan. 2012. *National Assessments of Educational Achievement, Volume 3: Implementing a National Assessment of Educational Achievement*. Washington, DC: World Bank.

Martone, Andrea, and Stephen G. Sireci. 2009. "Evaluating Alignment Between Curriculum, Assessment, and Instruction." *Review of Educational Research* 79 (4): 1332–61.

Ministerio de Educación. 2019. "Oficina de Medición de la Calidad de los Aprendizajes: Evaluación." http://umc.minedu.gob.pe/ece2018/#1553619963598-f0a822b6-7323.

Ministry of Education, Ghana Education Service, and National Education Assessment Unit. 2016. "Ghana 2016 Education Assessment. Report of Findings." https://sapghana.com/data/documents/2016-NEA-Findings-Report_17Nov2016_Public-FINAL.pdf.

Shiel, Gerry, and Fernando Cartwright. 2015. *National Assessments of Educational Achievement, Volume 4. Analyzing Data from a National Assessment of Educational Achievement*. Washington, DC: World Bank.

Sireci, Stephen G. 2009. "Packing and Unpacking Sources of Validity Evidence: History Repeats Itself Again." In *The Concept of Validity: Revisions, New Directions and Applications*, edited by R. Lissitz, 19–39. Charlotte, NC: Information Age.

Wiberg, Marie. 2019. "The Relationship Between TIMSS Mathematics Achievements, Grades, and National Test Scores." *Education Inquiry* 10 (4): 328–43.

Chapitre 7
COMMENT ASSURER UNE COMMUNICATION EFFICACE DES RÉSULTATS DES ÉVALUATIONS À GRANDE ÉCHELLE ?

Pour avoir un impact sur les décisions politiques et les pratiques éducatives, les résultats des évaluations nationales à grande échelle doivent être communiqués de manière claire et cohérente. Au lieu d'un seul rapport, il pourra alors être nécessaire de proposer plusieurs supports de communication pour répondre aux besoins du large éventail de parties prenantes : responsables politiques, enseignants, chefs d'établissement, auteurs de manuels scolaires, formateurs d'enseignants, spécialistes des programmes de cours, parents et élèves. Les résultats des évaluations nationales à grande échelle devront en outre faire l'objet d'une communication efficace auprès du grand public, afin de le sensibiliser à l'état actuel des pratiques éducatives et aux changements politiques proposés en la matière (Greaney et Kellaghan, 2008).

La diversité des intérêts et la grande variation des capacités techniques parmi les différents groupes de parties prenantes peuvent représenter un défi pour les équipes nationales d'évaluation chargées de diffuser ces résultats. Bien que dans certains pays, ces équipes ne produisent qu'un seul rapport après l'administration de leur évaluation nationale à grande échelle, dans d'autres, elles ont la capacité de produire plusieurs rapports adaptés aux différents groupes de parties prenantes.

Étant donné la diversité des besoins d'information et des intérêts des parties prenantes, les équipes nationales d'évaluation définissent en général un plan de communication des principaux résultats. L'équipe d'évaluation doit s'assurer que les parties prenantes reçoivent des informations claires, complètes et adaptées au public visé. Même si un rapport ou une présentation des résultats pour chacun des groupes concernés pourrait être une solution profitable à tous, l'équipe d'évaluation est néanmoins confrontée à différentes contraintes de temps et de budget. Elle doit donc donner la priorité à l'élaboration et à la diffusion des informations qui auront le plus d'impact sur les politiques et pratiques.

Ce chapitre donne un bref aperçu des directives et principes généraux pour l'élaboration et la diffusion des rapports sur les résultats des évaluations nationales à grande échelle. Pour un examen plus approfondi, le lecteur pourra consulter l'ouvrage de Kellaghan, Greaney et Murray (2009).

Quelles sont les principales directives pour la communication des résultats ?

Quelle que soit la manière dont l'équipe nationale d'évaluation décide de communiquer les résultats – série de mémos, rapports techniques et thématiques, présentations ou autres canaux de diffusion – certains principes généraux devront présider à la production de ce matériel.

Tout d'abord, tous les rapports doivent être factuels. Tous les résultats communiqués doivent ainsi se baser sur des analyses raisonnées, justifiables et solides sur le plan statistique. La littérature académique ou les travaux de recherche antérieurs pourront certes aider à contextualiser les observations, mais les rapports doivent avant tout se concentrer sur les résultats de l'évaluation. Les principaux messages adressés au public cible du rapport doivent par ailleurs être énoncés clairement, dans un langage non technique. Le cas échéant, les descriptions textuelles pourront être étayées de diagrammes, graphiques ou tableaux mettant en évidence les différences de performance au sein de sous-groupes d'élèves et entre ceux-ci. Les résultats doivent en outre être présentés de manière à mettre en évidence la significativité statistique ou non des différences observées entre les sous-groupes ou des évolutions dans le temps.

Les rapports doivent rappeler les objectifs de l'évaluation et les bons usages de ses résultats et, dans la mesure du possible, en empêcher toute interprétation erronée. Les descriptions de la performance des élèves doivent mettre en évidence les forces et faiblesses du programme de cours national et du système d'éducation. Les résultats doivent être mis en lien avec les politiques ou pratiques dans des domaines clés tels que la conception des programmes de cours et des manuels scolaires, ou encore la formation des enseignants. Autre point tout aussi important : les rapports doivent reconnaître les facteurs influant sur la performance des élèves, mais extérieurs au système d'éducation et échappant donc au contrôle des enseignants (Kellaghan, Greaney et Murray, 2009).

Que doit couvrir le rapport principal d'une évaluation nationale à grande échelle ?

Dans certains pays, l'équipe nationale d'évaluation ne produit qu'un seul rapport une fois l'évaluation nationale à grande échelle administrée ; cet unique rapport décrit l'objet et le contexte de l'évaluation, son cadre et sa relation avec le programme de cours et les objectifs d'apprentissage fixés à l'échelon national, ainsi que sa méthodologie. Ce rapport doit être publié en temps opportun (dans l'année suivant l'administration de l'évaluation) et mettre au jour les résultats les plus importants. Il doit décrire la performance globale des élèves à l'évaluation, les différences de performance entre certains sous-groupes d'élèves (par exemple, entre garçons et filles, ou entre élèves des zones urbaines et rurales) et, le cas échéant, les évolutions des niveaux de performance depuis la dernière campagne d'évaluation. Il peut également inclure des informations sur les facteurs contextuels influant sur les résultats des élèves. Il conviendra de trouver un juste équilibre entre la volonté d'accessibilité des résultats à un public de non-spécialistes et la nécessité de fournir des informations suffisamment détaillées sur les objectifs de l'évaluation, la façon dont elle a été menée, ses principaux résultats et leurs implications pour l'action publique.

OBJECTIFS

Les principaux objectifs de l'évaluation nationale à grande échelle doivent être clairement exposés, dans un langage simple et accessible au grand public. Les lecteurs du rapport doivent être informés des questions auxquelles l'évaluation est censée répondre, ainsi que de ses objectifs stratégiques. L'encadré 7.1 présente ainsi certaines des caractéristiques des systèmes d'éducation sur lesquelles les évaluations nationales peuvent apporter de précieuses informations (Kellaghan, Greaney et Murray, 2009).

MÉTHODES

Il conviendra d'exposer clairement la manière dont l'évaluation nationale à grande échelle a été conçue pour répondre aux questions des responsables politiques et atteindre les objectifs visés. Cette partie pourra par exemple décrire les normes et procédures suivies pour garantir la qualité des outils d'évaluation et du processus de collecte des données. Les lecteurs doivent en outre être informés des caractéristiques des élèves ayant pris part à l'évaluation et de la manière dont ils ont été identifiés et sélectionnés, notamment des procédures d'échantillonnage utilisées pour la sélection des établissements d'enseignement et des élèves. Ces informations les aideront à juger de la qualité technique globale des instruments et des résultats de l'évaluation.

RÉSULTATS

Le rapport devra fournir une description rigoureuse des résultats des élèves. Cette partie exposera ainsi en détail ce que les élèves savent, comprennent et sont capables de faire dans chacun des domaines ou aspects du programme

> **ENCADRÉ 7.1. Caractéristiques des systèmes d'éducation que les évaluations nationales à grande échelle peuvent éclairer**
>
> *Accès.* Obstacles à la scolarisation, comme une capacité d'accueil limitée ou la distance entre l'école et le domicile des élèves.
>
> *Qualité.* Qualité des intrants et des extrants de la scolarisation, comme les ressources et installations disponibles à l'appui de l'apprentissage (programmes de cours adaptés, compétence des enseignants, manuels scolaires), les pratiques pédagogiques, les interactions entre élèves et enseignants, et les apprentissages des élèves.
>
> *Efficacité.* Utilisation optimale des ressources humaines et financières, se traduisant par le taux d'encadrement, le nombre d'élèves scolarisés, et les taux de redoublement.
>
> *Équité.* Accès aux possibilités d'éducation et parité des résultats pour tous les élèves, indépendamment de leurs caractéristiques, notamment de leur sexe, de leur langue ou appartenance ethnique, ou encore de leur situation géographique.
>
> *Source :* Kellaghan, Greaney et Murray, 2009.

abordés dans le cadre de l'évaluation. La performance des élèves est souvent décrite en termes de niveaux de maîtrise ou de compétence dans chaque domaine, mesurant les capacités réelles des élèves au regard des objectifs nationaux d'apprentissage.

En plus d'offrir un aperçu de la performance globale des élèves, le rapport principal devra explorer celle de différents sous-groupes. Il devra s'interroger sur la performance globale du système d'éducation et son équité. Ainsi, selon l'objectif et l'approche de l'évaluation, le rapport pourra comparer les performances des élèves des zones urbaines et rurales, de différentes régions géographiques, ou encore de différents types d'établissement ; les résultats pourront en outre être ventilés selon le sexe, l'appartenance ethnique ou la langue parlée en famille. Le rapport pourra également inclure des analyses approfondies des résultats des élèves peu performants, de leurs savoirs et savoir-faire, ainsi que des domaines dans lesquels ils ont besoin d'une aide supplémentaire. Le cas échéant, le rapport pourra aussi explorer l'évolution globale de la performance des élèves dans le temps (Kellaghan, Greaney et Murray, 2009).

Les discussions sur les facteurs liés à la performance des élèves sont susceptibles d'être sensibles et de donner lieu à des interprétations erronées de la part de certaines parties prenantes. Pour la présentation de ce type de résultats, le rapport principal devra étayer son argumentation en utilisant des diagrammes, tableaux et graphiques. Les rapports 2015 et 2017 de l'Enquête nationale indienne sur les acquis des élèves font ainsi appel à tout un éventail d'éléments visuels pour étayer leurs conclusions (NCERT, 2015, 2017). Les représentations graphiques permettent une synthèse claire et concise des différences de performance entre groupes d'élèves (graphique 7.1) ou entre groupes d'États peu ou très performants (graphique 7.2). Les tableaux donnent quant à eux la possibilité de présenter les résultats dans un format synthétique qui permet aux lecteurs d'effectuer facilement des comparaisons (graphique 7.3).

GRAPHIQUE 7.1. Comparaison de sous-groupes d'élèves dans le cadre de l'édition 2015 de l'Enquête nationale indienne sur les acquis des élèves

Les résultats sont encourageants sur le front des questions de genre : en moyenne, les filles réussissent mieux que les garçons dans toutes les matières.

Aucune différence significative ne s'observe dans la performance des élèves des zones rurales et urbaines.

Les élèves des castes et tribus répertoriées obtiennent des résultats significativement inférieurs à ceux des autres élèves.

En moyenne, la performance des élèves au cycle 4 a baissé par rapport au cycle 3.

Source : Adapté de NCERT, 2015.

IMPLICATIONS POUR L'ACTION PUBLIQUE

Tout en restant factuel, le rapport devra examiner les principales implications des résultats pour les questions stratégiques qui ont motivé l'évaluation, et la mesure dans laquelle ces conclusions appellent à prendre des mesures concrètes. Les rapports d'évaluation peuvent ainsi contribuer à un dialogue national sur les réformes et programmes susceptibles d'améliorer les résultats d'apprentissage des élèves et le système d'éducation dans son ensemble. Comme évoqué au chapitre 2, les résultats peuvent indiquer comment les ressources d'un pays doivent être investies pour optimiser leurs effets.

Les résultats peuvent mettre en évidence un écart entre la conception du programme de cours national et sa mise en œuvre effective en classe, ainsi que des besoins d'évolution des pratiques pédagogiques. Ils peuvent en outre éclairer les réflexions sur les possibilités de formation initiale et continue des enseignants, le contenu du matériel pédagogique et l'élaboration des programmes (Kellaghan, Greaney et Murray, 2009).

GRAPHIQUE 7.2. Comparaison des profils de réponse entre les États peu et très performants dans le cadre de l'édition 2017 de l'Enquête nationale indienne sur les acquis des élèves

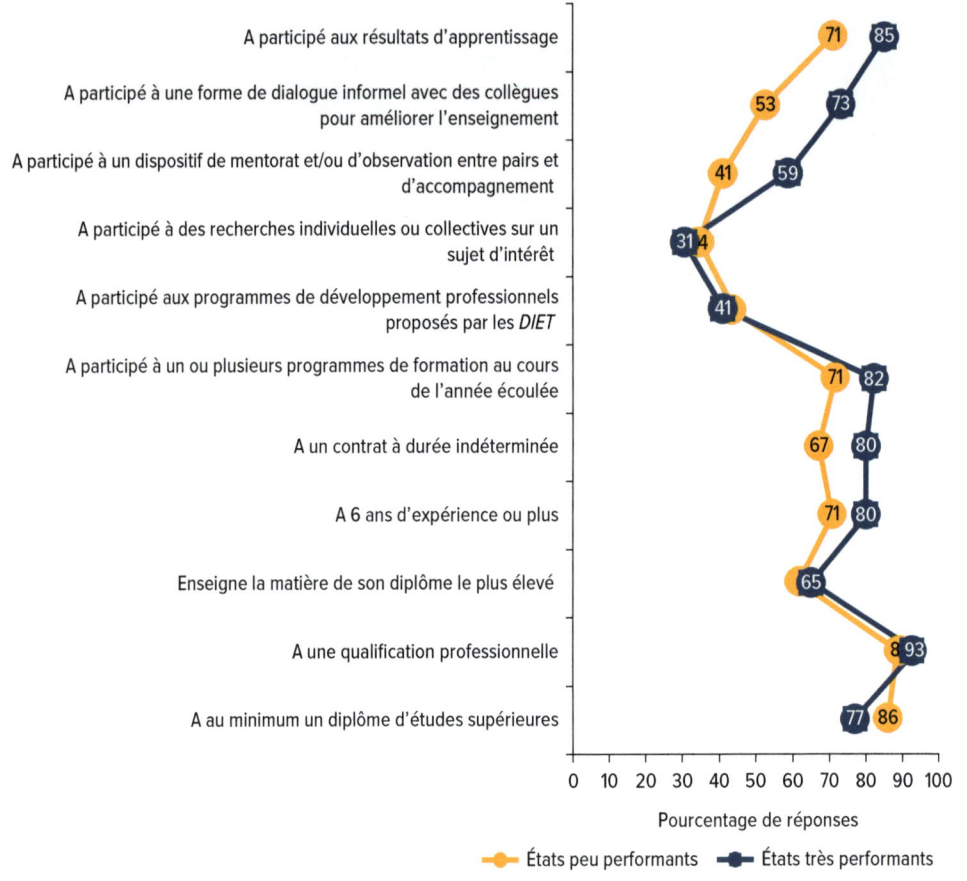

Source : Adapté de NCERT, 2017.
Note : DIET = District Institute of Education and Training.

L'encadré 7.2 résume certaines des utilisations et implications pour l'action publique des résultats de l'évaluation nationale à grande échelle de la République de Corée. Les résultats de cette évaluation ont été utilisés pour mesurer la qualité des établissements d'enseignement et les responsabiliser, mais aussi pour appuyer la mise en place de programmes personnalisés pour les élèves et de politiques systémiques pour les établissements.

GRAPHIQUE 7.3. Comparaison de la performance moyenne des élèves en langue, selon l'État, dans le cadre de l'édition 2017 de l'Enquête nationale indienne sur les acquis des élèves

État/Territoires de l'Union	Moyenne
Kerala	353
Karnataka	351
Chandigarh	345
Rajasthan	344
Andhra Pradesh	339
Uttarakhand	338
Dadra et Nagar Haveli	335
Himachal Pradesh	328
Jharkhand	326
Gujarat	324

État/Territoires de l'Union	Moyenne
Manipur	320
Moyenne nationale	**319**
Bengale-Occidental	317
Tripura	316
Bihar	316
Telangana	314
Madhya Pradesh	313
Goa	313
Chhattisgarh	313
Nagaland	312

État/Territoires de l'Union	Moyenne
Punjab	306
Lakshadweep	304
Odisha	304
Delhi	303
Mizoram	301
Daman et Diu	300
Pondichéry	300
Uttar Pradesh	300
Sikkim	297
Meghalaya	296

■ Résultats significativement supérieurs à la moyenne nationale
■ Pas de différence significative par rapport à la moyenne nationale
■ Résultats significativement inférieurs à la moyenne nationale

Source : Adapté de NCERT, 2017.

ENCADRÉ 7.2. Implications pour l'action publique des résultats de l'évaluation nationale à grande échelle de la République de Corée

- *Davantage d'informations accessibles au public sur la qualité des établissements.* Des indicateurs de performance et de progression des établissements sont développés pour expliquer l'amélioration annuelle des résultats scolaires au niveau des établissements.

- *Plus grande responsabilisation des établissements et élargissement des choix éducatifs.* La communication publique des résultats encourage les changements dans les politiques éducatives et éclaire les choix éducatifs des élèves et de leurs parents.

- *Soutien renforcé aux élèves peu performants.* L'initiative « Zero Plan » identifie les établissements présentant une forte proportion d'élèves sous le niveau minimum de compétence. Le ministère de l'Éducation apporte alors un soutien administratif et financier à ces établissements afin d'améliorer leurs résultats. Des programmes de soutien ciblé selon les besoins individuels des élèves sont mis en place, notamment via un accompagnement pédagogique et une aide psychologique.

- *Changements politiques à l'échelle du système.* Les résultats de l'évaluation nationale ont été utilisés pour mettre en place des politiques et des stratégies globales à l'échelle du système, ciblant la direction des établissements, la dotation en personnel, le climat des établissements, les pratiques pédagogiques et le soutien de la collectivité.

Source : Ra, Ki et Rhee, 2019.

Quels sont les autres moyens de communiquer les résultats des évaluations à grande échelle ?

En plus du rapport principal, de nombreuses équipes nationales d'évaluation produisent un rapport technique qui décrit en détail le cadre d'évaluation, l'approche conceptuelle, la méthodologie d'échantillonnage, la correction et l'analyse des données. Ce rapport technique aide les spécialistes à juger des propriétés techniques de l'évaluation, renforce la transparence du processus d'évaluation, et éclaire et améliore les pratiques en vue des futures évaluations (Kellaghan, Greaney et Murray, 2009).

L'équipe d'évaluation pourra aussi choisir de publier un ou plusieurs rapports thématiques afin de fournir des analyses plus approfondies sur certaines questions spécifiques, sous une forme accessible au grand public. Ces rapports pourront en outre mettre en lumière les principaux messages à destination des responsables politiques. Certains pays pourront par exemple produire des rapports thématiques sur l'éducation des filles, les premières années de scolarité, ou encore les compétences en vue du marché du travail.

Les rapports sont généralement coûteux à produire, publier et diffuser. Or ces coûts peuvent représenter une charge financière supplémentaire pour de nombreux pays en développement. À l'ère de l'essor des technologies et de l'accès à Internet, la publication de ces documents en ligne peut certes aider à diminuer ces coûts, mais pourra aussi réduire l'accès de certains groupes de parties prenantes à leurs résultats en raison d'un accès limité aux nouvelles technologies.

L'encadré 7.3 résume la manière dont le gouvernement péruvien a utilisé les technologies en ligne pour la diffusion des résultats de son évaluation nationale à grande échelle. Le site web officiel du ministère péruvien de l'Éducation propose ainsi des versions électroniques de l'ensemble des rapports d'évaluation, ainsi que des communiqués de presse, des photos, et des contenus audio et vidéo en lien avec le processus d'évaluation, ses résultats et ses utilisations.

Les rapports sont l'un des nombreux moyens dont disposent les équipes nationales d'évaluation pour communiquer efficacement leurs résultats à un large public. La télévision, la radio, Internet et d'autres types de médias constituent autant d'autres précieux canaux de diffusion auprès d'un large éventail de parties prenantes. Au Ghana, le National Council for Curriculum and Assessment utilise par exemple les réseaux sociaux (comme Facebook, YouTube ou LinkedIn) pour diffuser des informations sur les résultats de son évaluation nationale à grande échelle. L'équipe nationale d'évaluation pourra également souhaiter publier un communiqué et organiser une conférence de presse.

L'équipe d'évaluation pourra en outre produire des supports d'information adaptés à certains groupes de parties prenantes spécifiques, mettant en lumière les principales implications des résultats de l'évaluation pour ceux-ci (par exemple, des notes concises, destinées au personnel du ministère de l'Éducation, sur le manque d'équité ressortant des résultats). Les résultats des évaluations pourront également être utilisés pour étayer des présentations ou des ateliers lors de conférences professionnelles ou de séminaires de formation destinés aux enseignants ou aux spécialistes des programmes de cours. Les équipes d'évaluation mettent par ailleurs de plus en plus souvent à disposition des microdonnées

> **ENCADRÉ 7.3.** Diffusion en ligne des résultats des évaluations nationales à grande échelle du Pérou
>
> Le ministère de l'Éducation du Pérou utilise les plateformes numériques pour la diffusion des résultats des évaluations qu'il administre. Les rapports d'évaluation y sont organisés par thème :
>
> - *Rapports d'évaluations nationales* : Compilation des principaux rapports, présentés par année d'administration et année d'études
> - *Rapports pédagogiques* : Archive des rapports sur les résultats d'évaluation, par matière et année d'études, avec un accent sur les recommandations pédagogiques aux établissements et aux enseignants
> - *Rapports méthodologiques et techniques* : Rapports techniques axés sur les propriétés statistiques et psychométriques des outils d'évaluation
> - *Études succinctes* : Courtes publications axées sur l'exploration de l'effet de facteurs spécifiques sur les résultats des élèves, ou sur les enseignements tirés de la mise en œuvre du projet
> - *Études approfondies* : Études détaillées sur l'effet de facteurs spécifiques sur les résultats des élèves, comme l'incidence de l'infrastructure scolaire sur leurs apprentissages et la relation entre direction des établissements et performance des élèves.
>
> Une section supplémentaire en ligne propose les communiqués de presse de l'agence d'évaluation, selon l'organisation suivante :
>
> - *Infos évaluation* : Informations relatives à la publication et à l'utilisation des résultats des évaluations nationales à grande échelle à l'appui de l'amélioration du système d'éducation
> - *Contenus audio* : Fichiers audio destinés à la population péruvienne, proposant des informations sur les résultats des évaluations nationales à grande échelle
> - *Contenus vidéo* : Vidéos grand public expliquant comment comprendre les résultats des évaluations nationales à grande échelle
> - *Contenus vidéo à destination des familles* : Vidéos expliquant comment aider les élèves à la maison en mathématiques et en compréhension de l'écrit, et l'importance des mathématiques et des sciences dans notre vie quotidienne
> - *Photos* : Photos prises lors d'ateliers, de conférences et de conférences de presse autour des évaluations
> - *Matériel de diffusion* : Fichiers et documents divers sur l'utilisation des résultats d'évaluation et de la plateforme en ligne.
>
> *Source :* Ministerio de Educación, 2019.

anonymisées afin de permettre aux membres de la communauté scientifique d'effectuer des analyses supplémentaires pour éclairer l'élaboration des politiques et le processus décisionnel.

L'équipe d'évaluation devra convenir de l'ensemble des résultats et messages à communiquer dans les différents formats, anticiper les questions éventuelles et réfléchir aux réponses standard susceptibles de renforcer ces messages et potentiellement d'éviter les erreurs de compréhension ou d'interprétation. Kellaghan, Greaney et Murray (2009) examinent à cet égard plus en détail les composantes d'une stratégie médiatique complète.

Idées maîtresses

- L'équipe nationale d'évaluation devra convenir de l'ensemble des résultats et messages à communiquer dans les différents formats, et établir un plan de communication de ces résultats aux différentes parties prenantes et au grand public.
- L'ensemble des rapports devront présenter des analyses raisonnées, justifiables et solides sur le plan statistique.
- Le rapport principal devra être publié en temps opportun et mettre l'accent sur une communication claire et non technique des principaux résultats. Il devra décrire l'objet et le contexte de l'évaluation, son cadre et sa relation avec le programme de cours et les objectifs d'apprentissage fixés à l'échelon national, ainsi que sa méthodologie.
- Des diagrammes, graphiques et tableaux pourront être utilisés pour mettre en évidence les principaux résultats, en particulier lorsque ceux-ci font intervenir des comparaisons multiples entre régions, établissements ou sous-groupes d'élèves.
- En plus du rapport principal, de nombreuses équipes nationales d'évaluation publient des rapports de synthèse techniques et thématiques, adaptés à différents publics.
- De nombreux pays misent de plus en plus sur les technologies pour la publication en ligne de leurs contenus, qui a certes l'avantage de réduire les coûts de diffusion, mais peut aussi limiter l'accès de certains groupes de parties prenantes.
- Outre les rapports classiques, la télévision, la radio, Internet et d'autres types de médias peuvent être utilisés pour communiquer les résultats à un large éventail de parties prenantes.

Références

Greaney, Vincent, and Thomas Kellaghan. 2008. *National Assessments of Educational Achievement, Volume 1: Assessing National Achievement Levels in Education.* Washington, DC: World Bank.

Kellaghan, Thomas, Vincent Greaney, and Scott Murray. 2009. *National Assessments of Educational Achievement, Volume 5: Using the Results of a National Assessment of Educational Achievement.* Washington, DC: World Bank.

Ministerio de Educación. 2019. "Oficina de Medición de la Calidad de los Aprendizajes: Evaluación." http://umc.minedu.gob.pe/evaluaciones-y-factores-asociados.

NCERT (National Council of Educational Research and Training). 2015. *What Students of Class V Know and Can Do. A Summary of India's National Achievement Survey, Class V (Cycle 4) 2015.* New Delhi, India: NCERT.

NCERT (National Council of Educational Research and Training). 2017. *NAS 2017: National Achievement Survey, Class III, V and VII. National Report to Inform Policy, Practices and Teaching Learning.* New Delhi, India: NCERT.

Ra, Sungup, Sungsook Kim, and Ki Jong Rhee. 2019. *Developing National Student Assessment Systems for Quality Education. Lessons from the Republic of Korea.* Manila, Philippines: Asian Development Bank.

Chapitre 8
QUELLES SONT LES PRINCIPALES ÉVALUATIONS INTERNATIONALES À GRANDE ÉCHELLE DES ACQUIS SCOLAIRES ?

Les évaluations internationales à grande échelle sont conçues pour fournir aux pays participants des informations sur la performance de leur système d'éducation dans une perspective comparative (voir l'encadré 8.1). Elles servent à répondre à des questions telles que les suivantes :

- Dans quelle mesure les élèves d'un pays sont-ils plus ou moins performants que ceux d'autres pays ?
- Quels sont les facteurs associés à la performance des élèves dans le système d'éducation de ce pays ?
- Quels sont les facteurs associés à la performance des élèves dans le système d'éducation de nombreux pays ?
- La performance des élèves de ce pays diminue-t-elle ou augmente-t-elle au fil du temps ?

Le présent chapitre décrit de façon succincte trois évaluations internationales à grande échelle, à savoir les études internationales de suivi de la performance en mathématiques et en sciences (Trends in International Mathematics and Science Study, TIMSS) et d'évaluation de la performance en lecture

> **ENCADRÉ 8.1. Combien l'administration d'une évaluation internationale à grande échelle coûte-t-elle par pays ? Pourquoi y participer ?**
>
> L'administration d'une évaluation internationale expose les pays participants à des coûts directs et indirects. Les coûts sont actualisés avant chaque cycle d'évaluation et leur nature varie selon les évaluations.
>
> - Par coûts directs, on entend le forfait facturé au titre de la conception des instruments et du matériel de test ; ce forfait peut varier selon le mode d'administration des épreuves (sur papier ou sur ordinateur). À ce forfait peut s'ajouter le coût de l'appui technique, du suréchantillonnage de groupes spécifiques et d'analyses supplémentaires des résultats.
>
> - Quant aux coûts indirects, ce sont essentiellement ceux liés aux moyens à mobiliser sur place pour administrer l'évaluation : les administrateurs d'épreuves, la logistique de mise en œuvre, la traduction des épreuves et la correction des items à réponse ouverte.
>
> Il reste qu'administrer une évaluation internationale à grande échelle est utile à bien des égards. Les organisations responsables d'évaluations internationales proposent des formations, des tutoriels et des ateliers qui aident les pays à constituer les capacités techniques requises pour administrer et corriger les épreuves, analyser leurs résultats et les communiquer. Cet appui au renforcement des capacités est particulièrement utile dans les pays dont les agences nationales d'évaluation disposent de peu de personnel qualifié ou n'ont guère d'expérience dans l'administration d'évaluations à grande échelle. Ces organisations proposent aussi d'autres produits, par exemple des tutoriels en ligne, des instruments d'analyse faciles à utiliser et des fichiers de données, aux pays et aux parties prenantes qui souhaitent s'initier aux méthodes d'analyse et de diffusion des résultats des évaluations à grande échelle.
>
> Par ailleurs, les pays peuvent utiliser les résultats de ces évaluations pour produire des indicateurs et comparer leurs progrès. Les données de la plupart des évaluations internationales et régionales à grande échelle sont à la disposition des responsables politiques, des chercheurs et d'autres parties prenantes aux fins d'analyses secondaires. Enfin, les organisations régionales et internationales prévoient des conférences et autres événements pour promouvoir le dialogue et la production de connaissances dans les pays participants, le but étant d'aider ces pays à partager leurs expériences, à repérer des problèmes communs dans l'administration des évaluations à grande échelle et l'exploitation de leurs résultats et à trouver des solutions pour y remédier.
>
> Le site Internet de chacune de ces organisations est indiqué dans la section « Références » en fin de chapitre. Le lecteur est invité à consulter ces sites pour en apprendre davantage au sujet des formations à l'appui du renforcement des capacités et des outils et produits proposés en libre accès aux pays et aux chercheurs.

(Progress in International Reading Literacy Study, PIRLS) et le Programme international pour le suivi des acquis des élèves (PISA). Les dimensions principales de ces trois évaluations sont comparées à l'annexe A (voir le tableau 8A.1). Il est possible d'obtenir des informations supplémentaires sur le site Internet de ces enquêtes ou sur demande à l'organisation responsable de chacune d'entre elles (voir la section « Références » en fin de chapitre).

Trends in International Mathematics and Science Study

L'étude de suivi de la performance des élèves de 4e et de 8e année en mathématiques et en sciences (Trends in International Mathematics and Science Study, TIMSS) est dirigée par l'Association internationale pour l'évaluation du rendement scolaire (IEA). Elle consiste à déterminer dans quelle mesure les élèves connaissent les concepts, faits et procédures ; sont capables d'appliquer leurs connaissances dans des scénarios familiers inspirés de la vie réelle ; et sont capables de raisonner pour résoudre des problèmes complexes en plusieurs étapes.

Les épreuves TIMSS ont été administrées pour la première fois en 1995 et l'ont été tous les quatre ans depuis lors, soit en 1999, 2003, 2007, 2011, 2015 et 2019. Le nombre de systèmes d'éducation participants a augmenté, passant de 45 en 1995 à 64 en 2019. Comme les scores sont rapportés sur la même échelle lors de chaque cycle TIMSS, les pays qui ont participé à plus d'un cycle peuvent analyser l'évolution de leur performance au fil du temps (Mullis et Martin, 2017).

Dans l'étude TIMSS, une distinction est faite entre le programme de cours prévu, enseigné et acquis. Par programme de cours prévu, on entend les objectifs d'enseignement et d'apprentissage fixés par la société qui sont codifiés dans les textes et les politiques, adoptés dans les manuels scolaires et pédagogiques et évalués dans les évaluations nationales. Quant au programme de cours enseigné, il s'agit du programme enseigné aux élèves après interprétation par les enseignants. Enfin, le programme acquis renvoie aux connaissances et compétences des élèves, qui sont évaluées sur la base de leur score à des épreuves, notamment aux épreuves TIMSS.

Les branches et les savoirs et savoir-faire cognitifs évalués en mathématiques et en sciences lors du cycle TIMSS 2019 sont résumés dans le tableau 8.1. Les concepts évalués en 4e et en 8e année se chevauchent quelque peu, mais sont d'une complexité croissante dans les deux années d'études. Les épreuves de mathématiques sont plus axées sur les nombres en 4e année qu'en 8e année, où elles sont plus abstraites puisqu'elles portent entre autres sur l'algèbre et les probabilités. Les savoirs et savoir-faire évalués sont comparables dans les deux années, mais la priorité va aux compétences élémentaires en 4e année et aux compétences plus complexes en 8e année (Mullis et Martin, 2017).

Le cadre d'évaluation de l'étude TIMSS est mis à jour avant chaque cycle compte tenu des programmes de cours et des normes d'apprentissage des pays participants. Des experts internationaux passent en revue les projets de mise à jour. Une fois ces projets approuvés, le cadre est modifié et les épreuves sont conçues en conséquence dans le cadre d'un processus de recherche de consensus entre les pays participants (Mullis et Martin, 2017).

Depuis le dernier cycle, les pays participants ont la possibilité d'administrer les épreuves soit sur papier, soit sur ordinateur. En 2019, environ la moitié d'entre eux les ont administrées sur papier, les autres sur ordinateur. La tendance va toutefois vers la généralisation de l'administration informatisée des épreuves, qui permet à l'IEA d'ajouter des exercices de recherche et de résolution de problèmes innovants. Dans les épreuves informatisées, les items à choix multiple

TABLEAU 8.1. Branches et savoirs et savoir-faire évalués en mathématiques lors du cycle TIMSS 2019

Matière	Année d'études	Branche (pourcentage d'items)	Savoirs et savoir-faire
Mathématiques	4ᵉ	• Nombres (50) • Mesure et géométrie (30) • Données (20)	• *Connaître* : connaissances des élèves au sujet de concepts, de faits et de procédures familières • *Appliquer* : capacité des élèves d'appliquer leurs connaissances conceptuelles pour résoudre des problèmes familiers de la vie courante • *Raisonner* : capacité des élèves d'aller au-delà de la résolution de problèmes familiers et de résoudre en plusieurs étapes des problèmes complexes qui se situent dans des situations non familières
	8ᵉ	• Nombres (30) • Algèbre (30) • Géométrie (20) • Données et probabilité (20)	
Sciences	4ᵉ	• Sciences de la vie (45) • Sciences Physiques (35) • Sciences de la Terre (20)	
	8ᵉ	• Biologie (35) • Chimie (20) • Physique (25) • Sciences de la Terre (20)	

Source : tableau dérivé des travaux de Mullis et de Martin (2017).

et certains items à réponse construite se prêtent de surcroît à une correction automatisée, qui évite d'avoir recours à des correcteurs (Mullis et Martin, 2017).

Des questionnaires contextuels sont à remplir par les élèves, les parents, les chefs d'établissement et les représentants nationaux lors de chaque cycle TIMSS. Les élèves y décrivent leurs expériences en mathématiques et en sciences ainsi que leurs attitudes à l'égard de ces matières. Les enseignants et les chefs d'établissement y donnent des informations sur leur établissement ainsi que sur leurs ressources et leurs pratiques pédagogiques. Les parents y décrivent l'apprentissage de leur enfant à domicile. Les représentants nationaux y donnent des informations sur la mesure dans laquelle les épreuves couvrent le programme de cours de leur pays ainsi que sur les trajectoires d'apprentissage prévues dans ce programme (Mullis et Martin, 2017).

Les pays ayant participé à l'étude TIMSS entre 1995 et 2019 sont indiqués sur la carte 8.1. La plupart des pays participants se situent en Europe, en Asie centrale, en Asie de l'Est et au Moyen-Orient. Quelques pays y ont également participé en Amérique latine et en Afrique. L'Angleterre (Royaume-Uni), l'Australie, la Fédération de Russie, les États-Unis, Hong Kong RAS, Chine, la Hongrie, l'Iran, l'Italie, le Japon, la Lituanie, la Nouvelle-Zélande, Singapour, la Slovénie et deux provinces canadiennes (Ontario et Québec) ont participé aux sept cycles TIMSS. Le site de l'étude TIMSS indique les pays ayant participé à chaque cycle.

Les rapports TIMSS rendent compte de divers résultats par pays participant, à savoir le score moyen ; la répartition des élèves entre les niveaux de compétence, y compris leur pourcentage à chaque niveau ; les différences de score entre des groupes d'élèves (entre les garçons et les filles, par exemple) ; et le score par branche et aspect cognitif.

CARTE 8.1. Pays ayant participé à l'étude TIMSS entre 1995 et 2019

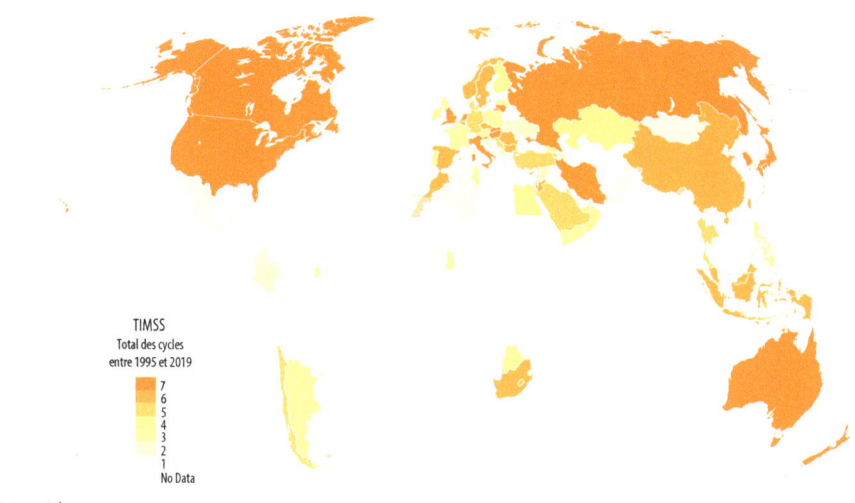

Source : tableau original créé pour le présent rapport.

Remarque : ce sont des entités infranationales qui ont participé à l'étude TIMSS en Argentine, en Belgique, au Canada, aux Émirats arabes unis, en Espagne, aux États-Unis, en Fédération de Russie et à Hong Kong RAS, Chine.

À titre d'exemple, la répartition des élèves de 4ᵉ année entre les niveaux de compétence en mathématiques lors du cycle TIMSS 2019 est indiquée par pays participant dans le graphique 8.1. La répartition des élèves est relativement différente entre des pays dont le score moyen est similaire, d'où l'importance de ne pas s'en tenir à ce score moyen lors de l'analyse des résultats d'un pays.

Parmi les autres éléments présentés, citons le pourcentage d'élèves au-dessus des seuils internationaux de référence (peu élevé, moyen, élevé et très élevé) dans chaque pays. En 2019, 7 % seulement des élèves de 4ᵉ année sont parvenus à se hisser au-dessus du seuil le plus élevé en mathématiques. Ce seuil de référence est défini en fonction de la capacité des élèves d'appliquer des connaissances en mathématiques et de raisonner pour résoudre des problèmes complexes en plusieurs étapes, puis d'expliquer le cheminement suivi. À l'autre extrême, 8 % seulement des élèves ne réussissent pas à atteindre le seuil le moins élevé ; ces élèves sont incapables de résoudre des problèmes arithmétiques simples et ne s'y connaissent pas suffisamment en fractions, en géométrie et en mesures. C'est à Singapour, à Hong Kong RAS, Chine et en République de Corée que les élèves sont proportionnellement les plus nombreux au-dessus du seuil de référence le plus élevé.

Entre les cycles TIMSS 1995 et TIMSS 2019, le pourcentage d'élèves au-dessus du seuil de référence le plus élevé a augmenté dans 12 pays, à savoir en Angleterre (Royaume-Uni), en Australie, à Chypre, aux États-Unis, à Hong Kong RAS, Chine, en Irlande, au Japon, en Nouvelle-Zélande, au Portugal, en République de Corée, en République islamique d'Iran et à Singapour (Mullis *et al.*, 2020).

GRAPHIQUE 8.1. Score des pays aux épreuves de mathématiques en 4e année et seuils de référence internationaux lors du cycle TIMSS 2019

Pays ou économie	Très élevé Score de référence (625 points)	Élevé Score de référence (550 points)	Moyen Score de référence (475 points)	Faible Score de référence (400 points)
[3]Singapour	54 (2.2)	84 (1.5)	96 (0.7)	99 (0.3)
[1]Hong Kong RAS, Chine	38 (1.9)	78 (1.6)	96 (0.7)	100 (0.2)
Rép. de Corée	37 (1.4)	77 (1.2)	95 (0.5)	99 (0.2)
Taïwan, Chine	37 (1.3)	78 (1.1)	96 (0.5)	100 (0.2)
Japon	33 (1.3)	74 (0.9)	95 (0.4)	99 (0.2)
[1]Irlande du Nord	26 (1.4)	60 (1.4)	85 (1.1)	96 (0.6)
[2]Angleterre	21 (1.4)	53 (1.5)	83 (1.2)	96 (0.5)
[2]Fédération de Russie	20 (1.6)	61 (1.9)	91 (1.0)	99 (0.3)
Irlande	15 (1.0)	52 (1.4)	84 (1.0)	97 (0.5)
[2]Turquie (5	15 (1.3)	43 (1.8)	70 (1.7)	88 (1.3)
[2,1]États-Unis	14 (0.8)	46 (1.3)	77 (1.1)	93 (0.6)
[2]Lituanie	13 (1.1)	48 (1.6)	81 (1.1)	96 (0.6)
[1]Norvège (5)	13 (0.9)	48 (1.3)	82 (1.2)	97 (0.5)
Chypre	12 (0.9)	42 (1.6)	77 (1.3)	95 (0.6)
[2]Lettonie	11 (0.9)	50 (1.7)	85 (1.2)	98 (0.6)
Finlande	11 (0.8)	42 (1.5)	78 (1.2)	95 (0.6)
République tchèque	10 (1.0)	42 (1.5)	78 (1.3)	96 (0.6)
Australie	10 (0.9)	36 (1.2)	70 (1.3)	90 (1.0)
Autriche	9 (0.7)	45 (1.4)	84 (1.1)	98 (0.4)
Hongrie	9 (0.8)	39 (1.4)	74 (1.3)	93 (0.8)
[2]Portugal	9 (0.7)	39 (1.6)	74 (1.2)	95 (0.7)
[1]Danemark	8 (0.9)	37 (1.3)	75 (1.0)	95 (0.5)
[1]Belgique (Flandre)	8 (0.5)	40 (1.2)	80 (1.2)	97 (0.4)
Bulgarie	8 (0.6)	37 (1.7)	71 (1.9)	90 (1.5)
Pologne	8 (0.8)	36 (1.4)	73 (1.4)	93 (0.6)
Azerbaïdjan	8 (0.6)	36 (1.3)	72 (1.5)	92 (0.8)
Suède	8 (0.8)	36 (1.7)	74 (1.4)	94 (0.7)
[ψ]Pays-Bas	7 (0.9)	44 (1.7)	84 (1.1)	98 (0.4)
[2]Serbie	7 (0.7)	32 (1.4)	68 (1.5)	89 (1.1)
Émirats arabes unis	7 (0.3)	26 (0.6)	53 (0.8)	78 (0.7)
[1,2]Canada	6 (0.6)	32 (1.0)	69 (0.9)	92 (0.6)
[2]Nouvelle-Zélande	6 (0.5)	25 (1.2)	56 (1.7)	83 (0.9)
Allemagne	6 (0.6)	36 (1.5)	75 (1.2)	96 (0.6)
Albanie	5 (0.6)	26 (1.4)	62 (1.8)	86 (1.3)
[2]République slovaque	5 (0.7)	31 (1.7)	71 (1.7)	91 (1.2)
Malte	5 (0.5)	32 (0.9)	69 (0.8)	91 (0.6)
Macédoine du Nord	5 (0.8)	21 (1.8)	52 (2.4)	78 (1.7)
[2]Kazakhstan	5 (0.6)	29 (1.5)	71 (1.4)	95 (0.6)
Bahreïn	4 (0.4)	21 (1.0)	54 (1.7)	81 (1.0)
Italie	4 (0.5)	30 (1.5)	73 (1.3)	95 (0.5)
Croatie	4 (0.6)	28 (1.3)	70 (1.5)	95 (0.7)
Espagne	4 (0.4)	27 (0.9)	65 (1.3)	91 (1.0)
France	3 (0.5)	21 (1.2)	57 (1.6)	85 (1.2)
Oman	3 (0.8)	12 (1.3)	33 (1.5)	62 (1.3)
[1]Géorgie	3 (0.4)	20 (1.4)	56 (2.0)	84 (1.4)
Arménie	3 (0.5)	23 (1.4)	64 (1.6)	92 (0.7)
Qatar	2 (0.4)	14 (1.2)	40 (1.6)	70 (1.4)
Rép. islamique d'Iran	2 (0.3)	13 (1.0)	39 (1.6)	68 (1.5)
Monténégro	1 (0.2)	11 (0.7)	43 (0.9)	76 (0.9)
Maroc	1 (0.8)	6 (1.1)	18 (1.4)	43 (1.7)
Afrique du Sud	1 (0.2)	5 (0.5)	16 (1.1)	37 (1.5)
[2]Arabie saoudite	1 (0.2)	6 (0.6)	23 (1.2)	51 (1.4)
Koweït	1 (0.2)	6 (0.9)	21 (1.6)	47 (1.8)
[2]Kosovo	1 (0.2)	8 (0.8)	37 (1.5)	73 (1.4)
Chili	1 (0.1)	7 (0.6)	33 (1.4)	70 (1.5)
Bosnie-Herzégovine	1 (0.2)	9 (0.7)	40 (1.5)	76 (1.1)
[2,ψ]Pakistan	0 (0.1)	1 (0.3)	8 (1.5)	27 (4.7)
[2,ψ]Philippines	0 (0.1)	1 (0.2)	6 (0.8)	19 (1.8)
International Median	**7**	**34**	**71**	**92**

Benchmarking Participants

Moscou (Féd. de Russie)	31 (1.5)	77 (1.4)	96 (0.5)	100 (0.2)
[2]Dubaï (EAU)	16 (0.9)	50 (0.9)	80 (0.8)	95 (0.5)
Québec (Canada)	8 (0.8)	41 (1.4)	80 (1.3)	97 (0.5)
[2]Ontario, Canada	7 (1.0)	32 (1.8)	68 (1.6)	92 (0.9)
Madrid, Spain	5 (0.5)	33 (1.2)	74 (1.5)	96 (0.6)
Abu Dhabi, UAE	3 (0.2)	15 (0.6)	37 (1.0)	64 (1.1)

Source : Mullis *et al.*, 2020.

Remarque : les chiffres suivis du symbole « ψ » sont d'une fiabilité limitée, car le pourcentage d'élèves dont le score est trop peu élevé pour être estimé est supérieur à 15 %, mais inférieur à 25 %. Les erreurs types sont indiquées entre parenthèses. Certains chiffres peuvent sembler incohérents du fait de l'arrondi. Voir les annexes B.2 et B.5 du rapport sur le cycle TIMSS 2019 pour de plus amples d'informations sur ce symbole et les autres symboles figurant dans ce graphique.

Les différences entre les sexes sont minimes dans la plupart des pays qui ont administré les épreuves TIMSS en 4e année en 2019. Dans certains pays toutefois, des différences sensibles s'observent en faveur des filles (en Afrique du Sud, en Arabie saoudite, à Oman, au Pakistan et aux Philippines, par exemple) ou en faveur des garçons (au Canada, à Chypre, en Espagne et au Portugal, par exemple) (Mullis *et al.*, 2020).

De nombreux pays ont mis les résultats de l'étude TIMSS (voir l'encadré 8.2) et d'autres évaluations de l'IEA (voir l'encadré 8.3) à contribution lors de la réorientation de leur politique d'éducation (voir l'encadré 8.4).

ENCADRÉ 8.2. Grands constats du cycle TIMSS 2019

- Des ressources pédagogiques plus nombreuses et un plus grand soutien parental à l'apprentissage à domicile sont associés à des scores plus élevés en mathématiques et en sciences.
- Une préscolarisation plus longue (trois ans au moins) est associée à de meilleurs résultats aux épreuves de mathématiques en 4e année.
- Les élèves de 4e et de 8e année tendent à être plus performants en mathématiques si leur établissement dispose de davantage de matériel et de ressources pédagogiques.
- En 4e et en 8e année, les scores en mathématiques tendent à être plus élevés chez les élèves dont le sentiment d'appartenance à leur établissement est plus profond, mais moins élevés chez ceux qui ont été victimes de harcèlement.
- L'assiduité scolaire a un impact positif sur la performance des élèves. Les élèves jamais ou presque jamais absents tendent à obtenir des scores plus élevés en mathématiques et en sciences.

Source : Mullis *et al.*, 2020.

ENCADRÉ 8.3. Autres évaluations TIMSS

Les épreuves « TIMSS Advanced » évaluent à la fin de l'enseignement secondaire les connaissances et compétences en mathématiques et en sciences des élèves qui envisagent d'exercer une profession en rapport avec les sciences, la technologie, l'ingénierie ou les mathématiques. Elles sont administrées moins souvent que les épreuves générales en 4e et en 8e année. Elles portent notamment sur des branches mathématiques telles que l'algèbre, les calculs (limites, dérivées et intégrales) et la géométrie et sur des banches scientifiques telles que la mécanique et la thermodynamique, l'électricité et le magnétisme, les ondes et la physique nucléaire et atomique. Elles ont été administrées en 1995, 2008 et 2015 (Mullis et Martin, 2017).

Les épreuves TIMSS de numératie sont administrées en 4e année, mais elles sont moins difficiles que les épreuves générales de mathématiques. Elles existent depuis 2015 et sont conçues à l'intention des pays où la majorité des élèves de 4e année en sont encore à l'acquisition de compétences fondamentales en mathématiques. Les pays participant à l'étude TIMSS peuvent administrer soit les épreuves de mathématiques et les épreuves de numératie, soit uniquement les premières ou les secondes, selon leur contexte. Les scores TIMSS sont rapportés sur la même échelle en numératie et en mathématiques, de sorte qu'il ne faut pas établir de rapport séparé à l'intention des pays qui administrent les épreuves de numératie.

Source : Mullis et Martin 2017.

> **ENCADRÉ 8.4. L'étude TIMSS en Fédération de Russie**
>
> La Fédération de Russie a participé à l'étude TIMSS en 2003, 2007, 2011, 2015 et 2019. Les scores TIMSS peuvent être comparés dans le temps. Il ressort de l'analyse de leur évolution au fil du temps qu'en Fédération de Russie, le score moyen aux épreuves de mathématiques a fortement augmenté en 4e année entre 2003 (532 points) et 2019 (567 points).
>
> Durant cette période, la Fédération de Russie a investi dans la conception d'un système efficace d'évaluation de la qualité de l'enseignement à l'échelle nationale et a engagé une série de réformes, notamment :
> - L'adoption de nouvelles normes fédérales dans l'enseignement primaire en 2011 et dans l'enseignement secondaire en 2015, qui donnent la priorité à l'acquisition des compétences et à l'accomplissement personnel, métacognitif et académique des élèves ;
> - La création d'un système indépendant d'examen à l'échelle nationale, dit unifié, en 2009, dont les résultats servent à certifier la réussite de l'enseignement secondaire et à valider l'admission à l'université ;
> - La création d'un système indépendant d'évaluation de la qualité de l'enseignement dans les établissements. Le ministère de l'Éducation et de la Science a rédigé des recommandations spécifiques sur l'administration d'évaluations indépendantes et l'utilisation de leurs résultats.
>
> Dans le même temps, les responsables politiques et d'autres parties prenantes ont utilisé les résultats aux épreuves TIMSS à différentes fins
>
> - Informer les parties prenantes sur la performance globale de la Fédération de Russie en mathématiques et en sciences ;
> - Faire des analyses secondaires et décrire les facteurs associés à la performance des élèves ;
> - Définir de nouvelles normes nationales d'apprentissage ;
> - Créer un nouveau master en évaluation de l'enseignement.
>
> *Source* : Bolotov *et al.*, 2013 ; Kovaleva et Krasnianskaia, 2016.

Progress in International Reading Literacy Study

L'Étude internationale de la performance en lecture (Progress in International Reading Literacy Study, PIRLS), dont les épreuves sont administrées en 4e année, est également dirigée par l'IEA (Mullis et Martin, 2015). Les épreuves PIRLS ont été administrées pour la première fois en 2001 et l'ont été tous les cinq ans depuis lors (soit en 2006, 2011 et 2016). Le prochain cycle est programmé en 2021.

Comme dans l'étude TIMSS, le cadre d'évaluation est mis à jour avant chaque cycle, compte tenu des programmes de cours et des normes d'apprentissage des pays participants. Ce processus de mise à jour du cadre d'évaluation donne aux pays l'occasion de réfléchir à leur politique d'éducation, à leurs programmes de cours et aux moyens d'améliorer la performance de leurs élèves en lecture.

Le cadre d'évaluation du cycle PIRLS 2016 s'articule autour de deux des principaux objectifs de la lecture à l'école et ailleurs, à savoir lire pour l'expérience littéraire et lire pour extraire et utiliser des informations. Quatre processus cognitifs associés à la lecture y sont décrits : extraire des informations explicites, faire des inférences simples, interpréter et combiner des informations et, enfin, évaluer le fond des textes de façon critique (Mullis et Martin, 2015). Dans le cadre d'évaluation du cycle PIRLS 2016, la littératie se définit comme la capacité de comprendre et d'utiliser les formes écrites de la langue qui sont exigées par la société ou valorisées par les individus. Les lecteurs peuvent retirer du sens de toutes sortes de textes. Ils lisent pour apprendre et pour participer aux communautés de lecture à l'école et dans la vie de tous les jours ; ils lisent aussi par plaisir (Mullis et Martin, 2015, p. 12).

Dans l'étude PIRLS, un questionnaire contextuel est administré aux élèves afin de recueillir des informations sociodémographiques les concernant et d'évaluer leurs attitudes à l'égard de la lecture et de l'apprentissage. Un questionnaire est également administré aux parents, aux enseignants et aux chefs d'établissement pour recueillir des informations au sujet d'autres facteurs influant sur le niveau de compétence des élèves en compréhension de l'écrit.

Le nombre de pays participant à l'étude PIRLS a augmenté, passant de 35 en 2001 à 50 en 2016. Les pays ayant participé à l'étude PIRLS entre 2001 et 2016 sont indiqués sur la carte 8.2. Comme dans l'étude TIMSS, la plupart des pays participants se situent en Europe, en Asie centrale, en Asie de l'Est et au Moyen-Orient. Très peu de pays y ont participé en Afrique et en Amérique latine. Le site de l'étude PIRLS indique les pays ayant participé à chaque cycle.

Les rapports PIRLS rendent compte de divers résultats par pays participant, à savoir le score moyen ; la répartition des élèves entre les niveaux de compétence, y compris leur pourcentage à chaque niveau ; les différences de score entre des groupes d'élèves (entre les garçons et les filles, par exemple) ; et le score par processus cognitif (voir les encadrés 8.5, 8.6 et 8.7).

À titre d'exemple, la répartition des élèves entre les niveaux de compétence lors du cycle PIRLS 2016 est indiquée par pays participant dans le graphique 8.2. Comme dans l'étude TIMSS, la répartition des élèves est relativement différente entre des pays dont le score moyen est similaire. Dans l'étude PIRLS, il y a quatre seuils de référence internationaux : score très élevé, élevé, moyen et peu élevé.

Les élèves situés au-dessus du seuil le plus élevé sont capables d'interpréter et de combiner des informations complexes disséminées dans différents passages et de comprendre le point de vue des auteurs. En 2016, c'est à Singapour et en Fédération de Russie que les élèves étaient proportionnellement les plus nombreux au-dessus du seuil le plus élevé. Lors du cycle PIRLS 2016, 4 % seulement des élèves ont obtenu un score inférieur au seuil le moins élevé, signe qu'ils sont incapables de localiser et d'extraire des informations explicites ou de faire des inférences directes à partir de textes narratifs ou informatifs simples (Mullis *et al.*, 2017).

Les filles l'emportent sur les garçons dans la plupart des pays ; leur avantage s'établit à 19 points en moyenne dans les 50 pays qui ont participé au cycle PIRLS 2016. Les seuls pays où garçons et filles font jeu égal sont Macao RAS, Chine et le Portugal (Mullis *et al.*, 2017).

CARTE 8.2. Pays ayant participé à l'étude PIRLS entre 2001 et 2016

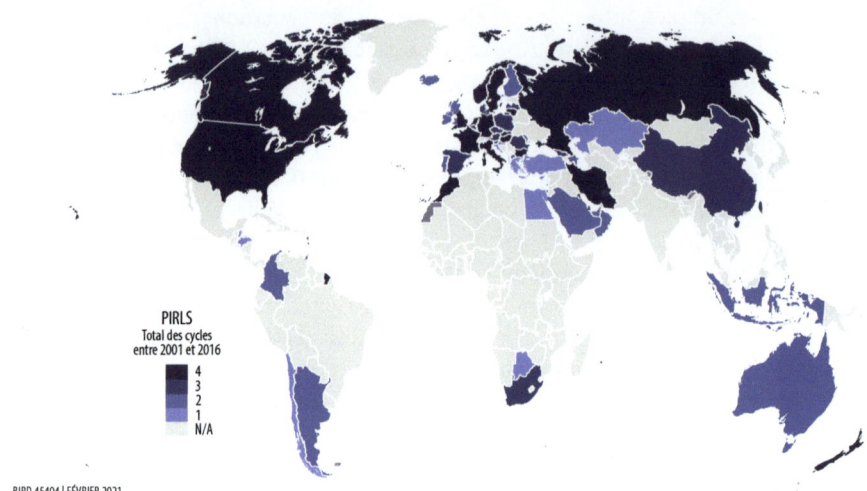

Source : carte originale créée pour le présent rapport sur la base des données PIRLS.

Remarque : ce sont des entités infranationales qui ont participé à l'étude PIRLS en Argentine, en Belgique, au Canada, aux Émirats arabes unis, en Espagne, aux États-Unis, en Fédération de Russie, à Hong Kong RAS, Chine, à Macao RAS, Chine et à Malte.

ENCADRÉ 8.5. Grands constats du cycle PIRLS 2016

- Les élèves sont plus performants en lecture si leurs parents prennent plaisir à lire plutôt que s'ils sont moins enthousiastes.

- Des facteurs sociaux, tels que le climat social dans l'établissement, sont associés à des différences de scores : les élèves qui éprouvent un grand sentiment d'appartenance à leur établissement tendent à être plus performants en lecture.

- Les élèves tendent à obtenir des scores plus élevés en lecture si leur établissement dispose de davantage de matériel et de ressources pédagogiques.

- Les élèves qui se disent souvent harcelés accusent des scores moyens inférieurs.

- Les élèves qui viennent le ventre vide à l'école sont moins performants en lecture que ceux à qui cela n'est jamais arrivé.

Source : Mullis et al. 2017.

ENCADRÉ 8.6. Autres évaluations PIRLS

L'IEA a conçu deux autres évaluations PIRLS en complément des épreuves générales : « PIRLS Littératie » et « ePIRLS ». Depuis le cycle PIRLS 2016, les pays ont la possibilité d'administrer ces nouvelles épreuves en complément ou en lieu et place des épreuves générales.

Les épreuves de littératie sont moins difficiles que les épreuves générales : les passages à lire sont plus courts et le nombre d'items de localisation et d'extraction d'informations explicites sont plus nombreux. Les résultats des épreuves de littératie sont rapportés sur la même échelle de compétence que ceux des épreuves générales, ce qui permet des comparaisons internationales.

L'évaluation « ePIRLS » est une évaluation informatisée de la compréhension de l'écrit électronique et des compétences numériques du XXIe siècle. Dans ces épreuves, les élèves sont placés dans un environnement simulant un navigateur et sont amenés à faire des exercices authentiques de type scolaire et à consulter des sites Internet où les informations sont présentées dans plusieurs formats. Un personnage qui joue le rôle de l'enseignant leur donne des consignes et leur pose des questions à propos des informations affichées à l'écran.

Source : Mullis et Martin, 2015.

ENCADRÉ 8.7. L'étude PIRLS en Géorgie

La Géorgie a participé à l'étude PIRLS en 2006, en 2011 et en 2016. Les résultats des cycles PIRLS 2006 et 2011 ont été déterminants dans le choix des responsables politiques de définir les priorités de la formation continue des enseignants et ont orienté le Centre national de formation continue des enseignants dans la réforme de ses programmes. Ils ont en particulier été mis à contribution dans la conception de manuels visant à aider les enseignants chargés des cours de lecture dans l'enseignement primaire. Deux manuels et un rapport ont été rédigés :

- Un manuel a été rédigé sous la forme d'un guide pratique pour initier les enseignants aux méthodes pédagogiques les plus récentes en lecture dans l'enseignement primaire ;

- Un autre manuel, complémentaire du premier, a été consacré aux méthodes visant à promouvoir la compréhension de l'écrit dans l'enseignement primaire. Il est assorti d'une série d'histoires et de quiz que les enseignants peuvent utiliser pour évaluer le niveau de compétence de leurs élèves en compréhension de l'écrit ;

- Un rapport a été rédigé sur les résultats du cycle PIRLS 2006 pour décrire la performance de la Géorgie et expliquer en détail les points forts et les points faibles des élèves en compréhension de l'écrit.

Source : Mullis *et al.*, 2012.

GRAPHIQUE 8.2. Score des pays et seuils de référence internationaux lors du cycle PIRLS 2016

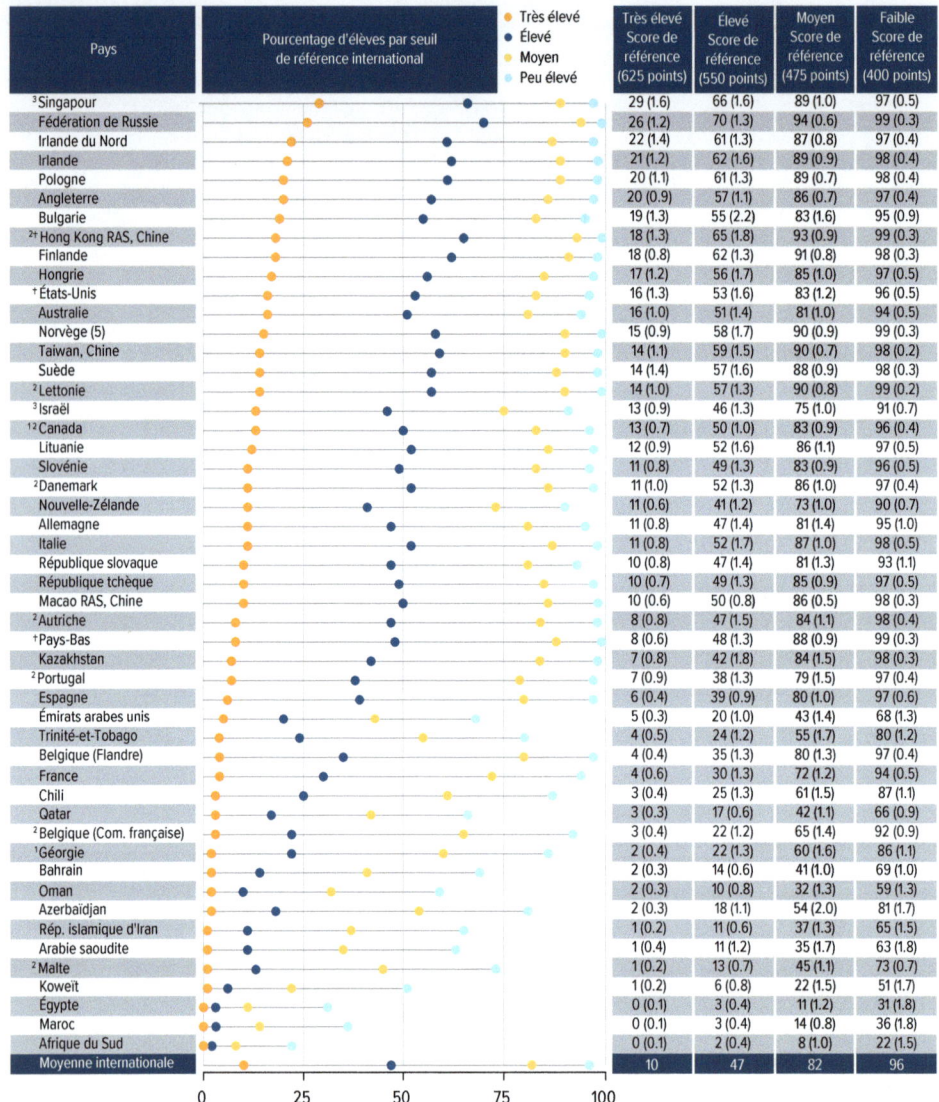

Source : Mullis *et al.*, 2017.

Remarque : voir dans le rapport sur le cycle PIRLS 2016 les remarques n°s 1, 2 et 3 sur la couverture de la population cible à l'annexe C.1 et les sections relatives à l'échantillonnage et au taux de participation à l'annexe C.4. Les erreurs types sont indiquées entre parenthèses. Certains chiffres peuvent sembler incohérents du fait de l'arrondi.

TABLEAU 8.2. Pourcentage d'items PIRLS par objectif de lecture et processus de compréhension de l'écrit

	PIRLS (%)	PIRLS Littératie (%)	ePIRLS (%)
Objectif de la lecture			
Expérience littéraire	50	50	0
Extraction et utilisation d'informations	50	50	100
Processus de compréhension de l'écrit			
Localiser et extraire des informations explicites	20	50	20
Faire des inférences simples	30	25	30
Interpréter et combiner des idées et des informations	30	25	30
Évaluer le fond et la forme de façon critique	20		20

Source : tableau dérivé des travaux de Mullis et de Martin, 2015.

Les items des épreuves PIRLS, PIRLS Littératie et ePIRLS sont classés par objectif et processus cognitif dans le tableau 8.2 ; le pourcentage d'items relatifs à chaque processus de compréhension de l'écrit varie selon les épreuves.

Programme international pour le suivi des acquis des élèves

L'Organisation de développement et coopération économiques (OCDE) a lancé en 2000 le Programme international pour le suivi des acquis des élèves (PISA) en vue de recueillir des informations sur le niveau de compétence des élèves à l'approche de la fin de leur scolarité obligatoire. Les épreuves PISA ont été administrées tous les trois ans depuis lors, à savoir en 2003, 2006, 2009, 2012, 2015 et 2018. Le dernier cycle PISA avait été programmé en 2021, mais l'administration des épreuves a été reportée en 2022 du fait de la pandémie de coronavirus. Les épreuves PISA visent à évaluer les connaissances et les compétences des élèves âgés de 15 ans en compréhension de l'écrit, en culture mathématique et en culture scientifique ; ces connaissances et compétences sont toutes essentielles pour participer à la vie sociale et économiques. Les derniers cycles PISA ont porté non seulement sur ces trois grands domaines, mais aussi sur la résolution de problèmes collaborative, la culture financière et la compétence globale (OCDE, 2019 ; voir aussi l'encadré 8.8).

Le cadre d'évaluation PISA définit les trois domaines principaux comme suit.

- *Compréhension de l'écrit.* Comprendre l'écrit, c'est non seulement comprendre, utiliser et évaluer des textes, mais aussi y réfléchir et s'y engager. Cette capacité devrait permettre à chacun de réaliser ses objectifs, de développer ses connaissances et son potentiel et de participer activement à la vie de la société.

ENCADRÉ 8.8. Autres évaluations de l'enquête PISA

L'OCDE a lancé l'initiative pilote « PISA pour le développement » (PISA-D) en 2014 en vue de proposer des instruments accessibles à un plus grand nombre de pays à revenu faible ou intermédiaire. Huit pays ont participé à cette initiative pilote : le Bhoutan, le Cambodge, l'Équateur, le Guatemala, le Honduras, le Paraguay, le Sénégal et la Zambie. Les instruments PISA-D sont désormais proposés à titre d'option aux pays qui administrent les épreuves PISA. Ces épreuves PISA-D sont conçues sur la base du même cadre conceptuel que les épreuves PISA, mais elles ciblent des niveaux de compétence inférieurs.

Les épreuves PISA-D sont constituées d'un test sur papier qui s'adresse aux jeunes qui sont encore scolarisés et d'un test sur tablette qui s'adresse aux jeunes qui ne le sont plus. Le test destiné aux effectifs scolarisés porte sur la compréhension de l'écrit, les mathématiques et les sciences, et celui destiné aux effectifs non scolarisés, uniquement sur la compréhension de l'écrit et les mathématiques. Dans le cadre de l'initiative PISA-D, des informations contextuelles sont également recueillies sur des facteurs qui influent sur les résultats des épreuves. L'analyse des besoins de capacité qui a été faite dans les pays participants a permis à l'OCDE de concevoir un plan de renforcement des capacités sur mesure. Les possibilités d'appui et de renforcement de capacité dans différentes composantes clés des évaluations – échantillonnage, adaptation des instruments, gestion et analyse des données et compte rendu des résultats – conçues pour les pays participant à l'initiative PISA-D sont proposées aux pays participant à l'enquête PISA.

Source : OCDE, 2018.

ENCADRÉ 8.9. Traduction et adaptation des épreuves dans les évaluations internationales à grande échelle

Un grand nombre de pays du monde entier participent à chaque cycle des évaluations TIMSS, PIRLS et PISA. Des questions se posent inévitablement au sujet de la traduction et de l'adaptation des épreuves, en particulier dans les pays qui participent pour la première fois à ces évaluations.

L'International Study Center, du Boston College, produit la version internationale des épreuves TIMSS et PIRLS en anglais et rédige les consignes de traduction et d'adaptation y afférentes. Les représentants des pays participants sont responsables de la traduction de tous les instruments dans leurs langues d'enseignement et de leur adaptation à leur contexte culturel, sans la moindre atteinte à la comparabilité internationale. Des experts externes examinent toutes les versions traduites et adaptées pour vérifier que les instruments restent comparables après traduction et adaptation.

Deux versions internationales des instruments PISA sont proposées aux pays participants, l'une en anglais, l'autre en français. Les pays sont tenus de faire deux traductions différentes de l'une des deux versions internationales des instruments dans leurs langues d'enseignement. Des réviseurs externes vérifient la précision, l'équivalence et la fidélité des traductions et repèrent toute différence entre la version source et la version cible, puis des experts produisent une version finale des instruments à partir des deux traductions différentes. Enfin, des spécialistes des domaines d'évaluation vérifient la précision de la terminologie et le contenu des épreuves.

Source : Mullis *et al.*, 2017 ; OCDE, 2018.

- *Culture mathématique.* La culture mathématique renvoie à la capacité des individus de formuler, d'employer et d'interpréter les mathématiques dans un éventail de contextes, notamment de se livrer à des raisonnements mathématiques et d'utiliser des concepts, procédures, faits et outils mathématiques pour décrire, expliquer et prévoir des phénomènes.
- *Culture scientifique.* La culture scientifique renvoie à la capacité des individus de s'engager dans des questions et des idées en rapport avec la science en tant que citoyens réfléchis. Les individus cultivés sur le plan scientifique sont prêts à s'engager dans des raisonnements sensés à propos de la science et de la technologie et doivent pour ce faire utiliser les compétences suivantes : expliquer des phénomènes de manière scientifique, évaluer et concevoir des recherches scientifiques et interpréter des données et des faits de manière scientifique (OCDE, 2019).

L'un de ces trois domaines – la compréhension de l'écrit, les mathématiques et les sciences – est déclaré domaine majeur d'évaluation à chaque cycle PISA. En 2018, c'est la compréhension de l'écrit qui était le domaine majeur d'évaluation, la culture mathématique et la culture scientifique étant déclarées domaines mineurs d'évaluation. En 2015, le domaine majeur était la culture scientifique. En 2022, la culture mathématique sera le domaine majeur d'évaluation.

En marge des épreuves, les élèves remplissent un questionnaire contextuel où ils donnent des informations sur leur milieu familial et décrivent leurs expériences d'apprentissage à l'école ainsi que leurs attitudes à l'égard de l'apprentissage. Les chefs d'établissement remplissent un questionnaire à propos de la gestion de leur établissement et de l'environnement d'apprentissage dans leur établissement. Les pays ont la possibilité d'administrer des questionnaires supplémentaires à titre d'option. Certains pays ont par exemple administré un questionnaire aux enseignants pour recueillir des informations supplémentaires sur les pratiques pédagogiques ; un questionnaire aux parents pour recueillir des informations sur l'implication des parents dans l'apprentissage de leur enfant et la vie de son établissement ; et des questionnaires aux élèves pour recueillir des informations supplémentaires sur leur maîtrise de l'informatique, leurs ambitions quant à la poursuite de leur parcours scolaire et leur bien-être (OCDE, 2019).

Les épreuves PISA sont administrées sur ordinateur dans la plupart des pays, mais elles sont disponibles sur papier dans les pays où l'accès des élèves à un ordinateur est limité. Contrairement aux épreuves d'autres évaluations internationales à grande échelle, les épreuves PISA sur ordinateur sont adaptatives : les blocs d'items sont attribués aux élèves selon leur niveau de compétence, qui est dérivé de leur score aux blocs d'items précédents (OCDE, 2019).

Le nombre de pays participant à l'enquête PISA a augmenté, passant de 43 au premier cycle, en 2000, à 79 en 2018 (OCDE, 2019). Les pays ayant participé aux cycles PISA jusqu'en 2018 sont indiqués sur la carte 8.3. Comme dans les études TIMSS et PIRLS, la plupart des pays participants se situent en Europe, en Asie centrale, en Asie de l'Est et au Moyen-Orient ; mais contrairement aux études TIMSS et PIRLS, de nombreux pays d'Amérique latine et des Caraïbes y participent aussi.

CARTE 8.3. Pays ayant participé à l'enquête PISA entre 2000 et 2018

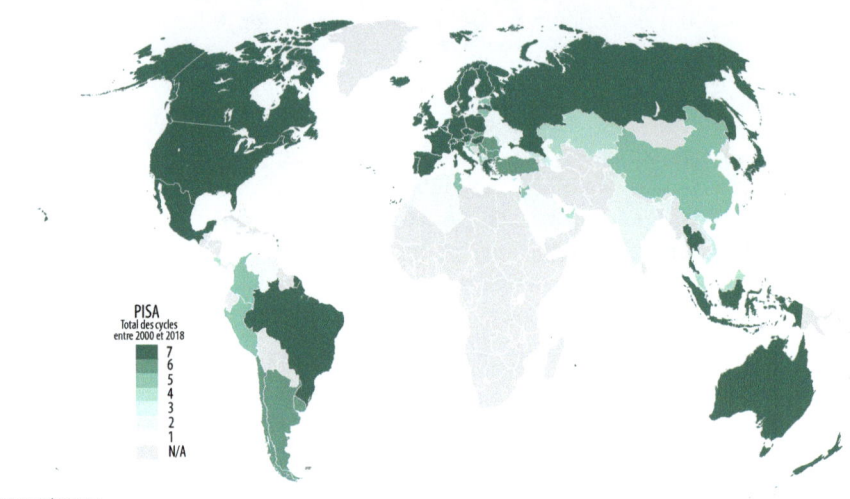

Source : carte originale créée pour le présent rapport sur la base des données PISA.

Remarque : ce sont des entités infranationales qui ont participé à l'enquête PISA en Argentine, en Azerbaïdjan, en Chine, aux Émirats arabes unis, aux États-Unis, à Hong Kong RAS, Chine, en Inde, à Macao RAS, Chine et au Venezuela (République bolivarienne du).

Les rapports PISA rendent compte de divers résultats par pays participant, à savoir le score moyen ; la répartition des élèves entre les niveaux de compétence, y compris leur pourcentage à chaque niveau ; les différences de score entre des groupes d'élèves (entre les garçons et les filles, par exemple) ; et le score par domaine et processus cognitif.

Les scores moyens du cycle PISA 2018 sont indiqués par pays et par domaine d'évaluation dans le graphique 8.3. C'est dans quatre provinces chinoises (Pékin, Jiangsu, Shanghai et Zhejiang) et à Singapour que les scores moyens sont les plus élevés dans les trois domaines d'évaluation PISA ; viennent ensuite Macao RAS, Chine et Hong Kong RAS, Chine.

Parmi les pays de l'OCDE, c'est en Estonie que le score moyen est le plus élevé en compréhension de l'écrit et en sciences et en République de Corée qu'il est le plus élevé en mathématiques. Le Canada, la Finlande et l'Irlande comptent aussi parmi les pays très performants.

Les scores PISA sont rapportés sur la même échelle de compétence à chaque cycle, de sorte que les pays peuvent suivre leur évolution au fil du temps. Les scores moyens de l'Albanie, du Pérou et du Qatar ont sensiblement augmenté (OCDE, 2019).

C'est la compréhension de l'écrit qui était le domaine majeur d'évaluation lors du cycle PISA 2018. Il ressort du graphique 8.4 que les filles l'emportent sur les garçons en compréhension de l'écrit dans tous les pays participants ;

GRAPHIQUE 8.3. Classement des pays par score moyen en compréhension de l'écrit, en mathématiques et en sciences lors du cycle PISA 2018

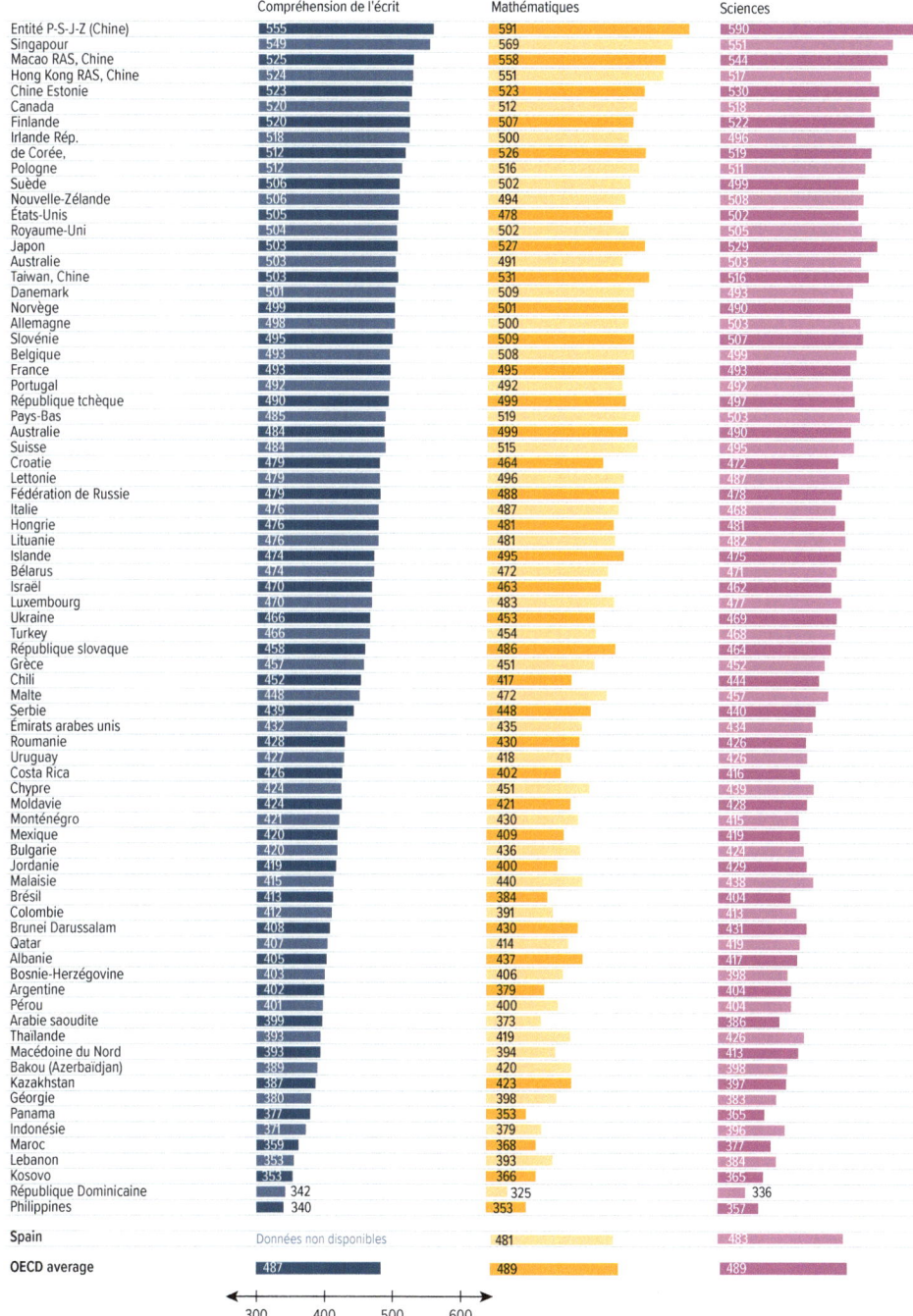

Source : OCDE, 2019.

Remarque : « P-S-J-Z » désigne les provinces chinoises de Pékin, de Jiangsu, de Shanghai de Zhejiang.

GRAPHIQUE 8.4. Différence de score entre les garçons et les filles en compréhension de l'écrit et en mathématiques lors du cycle PISA 2018

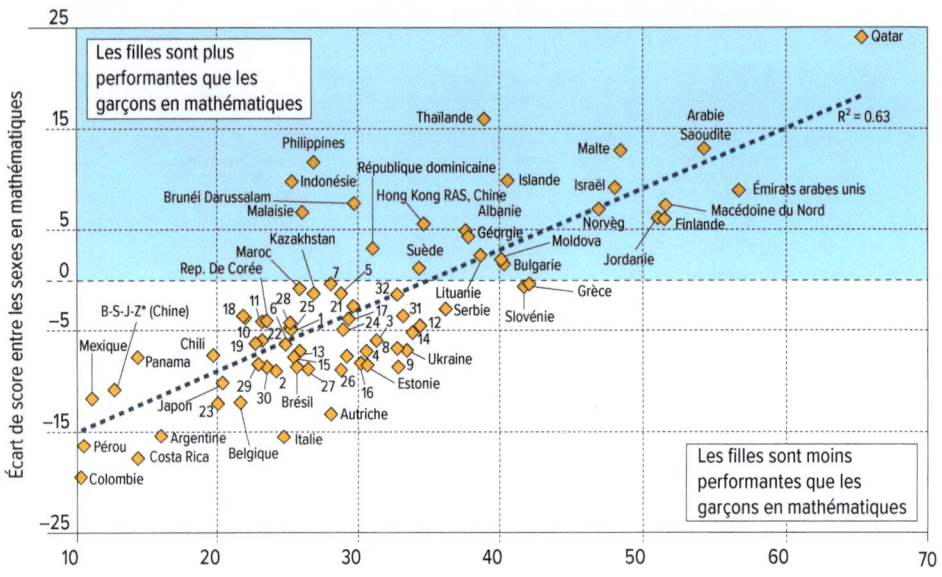

Source : OCDE, 2019.

Remarque : « P-S-J-Z* » désigne les provinces chinoises de Pékin, de Jiangsu, de Shanghai de Zhejiang.

les différences entre les sexes sont toutefois nettement plus ténues en mathématiques. En compréhension de l'écrit, les différences entre les sexes sont les moins marquées en Argentine, au Chili, en Chine, en Colombie, au Costa Rica, au Mexique, au Panama et au Pérou, mais les plus marquées en Arabie saoudite, aux Émirats arabes unis, en Finlande, en Jordanie, en Macédoine du Nord et au Qatar.

Annexe 8A. Aperçu des caractéristiques principales

TABLEAU 8A.1. Caractéristiques principales des évaluations internationales et régionales à grande échelle

Évaluation	Âge ou années d'études cibles	Domaines d'évaluation principaux	Organisation	Années	Régions participantes
Programme international pour le suivi des acquis des élèves (PISA)	15 ans	Compréhension de l'écrit, mathématiques et sciences	Organisation de développement et coopération économiques (OCDE)	2000, 2003, 2006, 2009, 2012, 2015 et 2018	Toutes régions
Trends in International Mathematics and Science Study (TIMSS)	4e et 8e années	Mathématiques et sciences	International Association for the Evaluation of Educational Achievement (IEA)	1995, 1999, 2003, 2007, 2011, 2015 et 2019	Toutes régions
Progress in International Reading Literacy Study (PIRLS)	4e année	Compréhension de l'écrit	International Association for the Evaluation of Educational Achievement (IEA)	2001, 2006, 2011 et 2016	Toutes régions
Laboratorio Latinoamericano de Evaluación de la Calidad de la Educación (LLECE)	3e et 6e années	Lecture, mathématiques et sciences	Bureau régional pour l'éducation en Amérique latine et dans les Caraïbes (OREALC) de l'Organisation des Nations Unies pour l'éducation, la science et la culture (UNESCO)	1997, 2006, 2013 et 2019	Amérique latine
Programme d'analyse des systèmes éducatifs (PASEC)	2e et 6e années	Langue d'enseignement et mathématiques	Conférence des ministres de l'Éducation des États et gouvernements de la Francophonie (CONFEMEN)	Chaque année entre 1993 et 2010, puis en 2014 et 2019	Afrique francophone ; et quelques pays d'Asie de l'Est par le passé
Consortium de l'Afrique australe et orientale pour le pilotage de la qualité de l'éducation (SACMEQ)	6e année	Langue d'enseignement, mathématiques et connaissances sur la santé	Consortium de l'Afrique australe et orientale pour le pilotage de la qualité de l'éducation (SACMEQ)	1999, 2004, 2011 et 2014	Afrique anglophone
Pacific Islands Literacy and Numeracy Assessment (PILNA)	4e et 6e années	Numératie et littératie	Communauté du Pacifique (CPS)	2012, 2015 et 2018	États insulaires du Pacifique
Southeast Asia Primary Learning Metrics (SEA-PLM)	5e année	Littératie, mathématiques et citoyenneté mondiale	Secrétariat de l'Organisation des ministres de l'éducation de l'Asie du Sud-Est (SEAMEO) et Fonds des Nations Unies pour l'enfance (UNICEF)	2019	Asie du Sud-Est

Références

Bolotov, Viktor, Galina Kovaleva, Marina Pinskaya, and Igor Valdman. 2013. *Developing the Enabling Context for Student Assessment in Russia*. Washington, DC: World Bank Group.

Kovaleva, Galina, and Klara Krasnianskaia. 2016. "Russian Federation." In *TIMSS 2015 Encyclopedia: Education Policy and Curriculum in Mathematics and Science*, edited by Ina V. S. Mullis, Michael O. Martin, Shirley Goh, and Kerry Cotter. http://timssandpirls.bc.edu/timss2015/encyclopedia/countries/russian-federation/.

Mullis, Ina V. S., and Michael O. Martin, eds. 2015. *PIRLS 2016 Assessment Framework* (2nd ed.). Boston, MA: TIMSS and PIRLS International Study Center. http://timssandpirls.bc.edu/pirls2016/framework.html.

Mullis, Ina V. S., and Michael O. Martin, eds. 2017. *TIMSS 2019 Assessment Frameworks*. Boston, MA: TIMSS and PIRLS International Study Center. http://timssandpirls.bc.edu/timss2019/frameworks/.

Mullis, Ina V. S., Michael O. Martin, Pierre Foy, and Martin Hooper. 2017. *PIRLS 2016 International Results in Reading*. Boston, MA: TIMSS and PIRLS International Study Center. http://timssandpirls.bc.edu/pirls2016/international-results/.

Mullis, Ina V. S., Michael O. Martin, Pierre Foy, Dana L. Kelly, and Bethany Fishbein. 2020. *TIMSS 2019 International Results in Mathematics and Science*. Boston, MA: TIMSS and PIRLS International Study Center. https://timssandpirls.bc.edu/timss2019/international-results/.

Mullis, Ina V. S., Michael O. Martin, Chad A. Minnich, Kathleen T. Drucker, and Moira A. Ragan. 2012. *PIRLS 2011 Encyclopedia: Education Policy and Curriculum in Reading, Volumes 1 and 2*. Chestnut Hill, MA: TIMSS and PIRLS International Study Center, Lynch School of Education, Boston College.

OECD (Organisation for Economic Co-operation and Development). 2018. *PISA for Development Assessment and Analytical Framework: Reading, Mathematics and Science*. Paris, France: OECD Publishing. https://doi.org/10.1787/9789264305274-en.

OECD (Organisation for Economic Co-operation and Development). 2019. *PISA 2018 Results, Volume I: What Students Know and Can Do*. Paris: OECD Publishing. https://doi.org/10.1787/5f07c754-en.

Sites web des organisations internationales d'évaluation

PISA: https://www.oecd.org/pisa

TIMSS and PIRLS: https://timssandpirls.bc.edu

International Association for the Evaluation of Educational Achievement publications on Reliability and Validity of International Large-Scale Assessment: https://www.iea.nl/index.php/publications/series-journals/iea-research-education/reliability-and-validity-international-large

Chapitre 9
QUELLES SONT LES PRINCIPALES ÉVALUATIONS RÉGIONALES À GRANDE ÉCHELLE DES ACQUIS SCOLAIRES ?

Les évaluations régionales à grande échelle permettent aux pays qui le souhaitent de comparer leur niveau de compétence à celui de pays géographiquement ou linguistiquement proches. Elles peuvent être utiles en complément ou en lieu et place des évaluations internationales décrites dans le chapitre 8. Le présent chapitre décrit cinq de ces évaluations régionales, dont les caractéristiques principales sont comparées dans le tableau 8A.1. Il est possible d'obtenir des informations supplémentaires sur le site officiel de ces enquêtes ou sur demande à l'organisation responsable de chacune d'entre elles (voir la section « Références » en fin de chapitre).

Consortium de l'Afrique australe et orientale pour le pilotage de la qualité de l'éducation

Le Consortium de l'Afrique australe et orientale pour le pilotage de la qualité de l'éducation (SACMEQ) a été créé en 1995 avec l'appui de l'Institut international de planification de l'éducation (IIPE) de l'Organisation des Nations Unies pour l'éducation, la science et la culture (UNESCO) et du Gouvernement néerlandais. Il est constitué des ministres de l'Éducation de pays d'Afrique australe et orientale : l'Afrique du Sud, le Botswana, l'Eswatini, le Kenya, le Lesotho, le Malawi, Maurice, le Mozambique, la Namibie, l'Ouganda, les Seychelles, la Tanzanie (continentale et Zanzibar), la Zambie et le Zimbabwe (Hungi *et al.*, 2010).

Le SACMEQ promeut la collaboration entre ses membres, qui partagent leurs expériences et leurs compétences pour constituer des capacités d'évaluation scientifique de la qualité de l'enseignement. Le Consortium facilite l'organisation de formations axées sur les compétences requises en matière de suivi et d'évaluation, d'établissement de rapports et de stratégies de diffusion, tout l'enjeu étant de faire en sorte que les parties prenantes et les responsables politiques comprennent bien les résultats, en débattent en profondeur et les utilisent à l'appui des réformes (Hungi et al., 2010).

Les épreuves SACMEQ sont administrées aux élèves de 6e année dans les établissements publics ou indépendants d'enseignement général dans les pays participants. Il y a eu à ce jour quatre cycles SACMEQ : le premier, de 1995 à 1999, le deuxième, de 2000 à 2004, le troisième, de 2006 à 2011, et le quatrième, de 2012 à 2014. Les pays ayant participé à chaque cycle SACMEQ sont indiqués dans le tableau 9.1. Comme les cycles précédents, le quatrième cycle (SACMEQ IV) a évalué les connaissances et les compétences des élèves en lecture et en mathématiques. Les résultats du cycle SACMEQ IV ne sont pas encore disponibles en totalité, mais le sont dans certains pays (SACMEQ, 2017). Les conclusions complètes du cycle SACMEQ III ont été publiées.

Les résultats aux épreuves de lecture sont rapportés en fonction de huit niveaux de compétence (voir le tableau 9.2). Le niveau le moins élevé, celui de la prélecture, renvoie à la capacité de mettre des mots et des images en correspondance ; et le niveau le plus élevé, celui de la lecture critique, à la capacité d'évaluer les hypothèses des auteurs dans différents passages d'un texte donné.

Les résultats aux épreuves de mathématiques sont rapportés en fonction de huit niveaux de compétence (voir le tableau 9.3). Le niveau de compétence le moins élevé, celui de la prénumératie, renvoie à la capacité de faire des additions et des soustractions simples. Le niveau de compétence le plus élevé renvoie à la capacité de résoudre des problèmes mathématiques dont l'énoncé mêle des informations textuelles et graphiques (SACMEQ, 2017).

Les épreuves sont assorties de questionnaires contextuels dans lesquels les élèves fournissent des informations sur des facteurs susceptibles d'influer sur l'enseignement et l'apprentissage en milieu scolaire. Les enseignants et les chefs d'établissement remplissent également un questionnaire (SACMEQ, 2017).

TABLEAU 9.1. Pays ayant participé à chaque cycle SACMEQ

Cycle	Pays
I	Kenya, Malawi, Maurice, Namibie, Zambie, Zanzibar et Zimbabwe
II	Afrique du Sud, Botswana, Eswatini, Kenya, Lesotho, Malawi, Maurice, Mozambique, Namibie, Ouganda, Seychelles, Tanzanie (continentale et Zanzibar) et Zambie
III	Afrique du Sud, Botswana, Kenya, Lesotho, Malawi, Maurice, Namibie, Seychelles, Tanzanie (continentale et Zanzibar), Zambie et Zimbabwe
IV	Afrique du Sud, Botswana, Eswatini, Kenya, Lesotho, Malawi, Maurice, Mozambique, Namibie, Ouganda Seychelles, Tanzanie (continentale et Zanzibar), Zambie et Zimbabwe

Source : tableau original créé pour le présent rapport.
Remarque : les résultats du quatrième cycle n'ont à ce jour été rendus publics qu'en Afrique du Sud, au Botswana, à Maurice et en Namibie.

TABLEAU 9.2. Description des niveaux de compétence en lecture dans les épreuves SACMEQ

	Niveau	Description	Compétences
Compétences élémentaires	1	Prélecture	Capacité d'associer des mots et des images, en présence de concepts concrets et d'objets familiers
	2	Lecture émergente	Capacité d'associer des mots et des images, en présence de prépositions et de concepts abstraits
	3	Lecture élémentaire	Capacité de déduire du sens de l'association de mots et de phrases et de compléter des phrases
	4	Lecture déductive	Capacité d'associer et de combiner des informations disséminées dans différents passages du texte à la recherche du sens
	5	Lecture interprétative	Capacité d'interpréter des informations disséminées dans différents passages du texte et de les combiner à des informations extérieures au texte
Compétences avancées	6	Lecture inférentielle	Capacité de combiner des informations disséminées dans différents passages du texte pour en déduire l'intention de l'auteur
	7	Lecture analytique	Capacité de localiser et de combiner des informations disséminées dans différents passages du texte pour en déduire les convictions personnelles de l'auteur
	8	Lecture critique	Capacité d'utiliser des passages du texte pour inférer et évaluer la pensée de l'auteur et les caractéristiques de ses lecteurs

Source : tableau dérivé de SACMEQ, 2017.

TABLEAU 9.3. Description des niveaux de compétence en mathématiques dans les épreuves SACMEQ

	Niveau	Description	Compétences
Compétences élémentaires	1	Prénumératie	Capacité de faire des additions et des soustractions à une seule étape
	2	Numératie émergente	Capacité de faire des additions et des soustractions à deux étapes (avec report)
	3	Numératie élémentaire	Capacité de traduire des informations verbales en opérations arithmétiques
	4	Numératie moyenne	Capacité de traduire des informations énoncées sous forme verbale ou graphique en problèmes arithmétiques simples
	5	Numératie acquise	Capacité de traduire des informations énoncées sous forme verbale, graphique ou tabulaire en langage arithmétique pour résoudre des problèmes
Compétences avancées	6	Mathématiques élémentaires	Capacité de résoudre des problèmes mathématiques à plusieurs opérations (dans le bon ordre), en présence de fractions, de rapports et de décimales
	7	Résolution de problèmes concrets	Capacité d'extraire et de convertir des informations fournies sous forme tabulaire, graphique ou symbolique pour identifier et résoudre des problèmes à plusieurs étapes
	8	Résolution de problèmes abstraits	Capacité de déterminer la nature mathématique d'un problème décrit dans diverses informations fournies sous forme verbale ou graphique et de traduire ces informations en un énoncé algébrique ou en une équation pour résoudre un problème

Source : tableau dérivé de SACMEQ, 2017.

TABLEAU 9.4. Score moyen des pays en lecture et en mathématiques lors du cycle SACMEQ III

Région	Compréhension de l'écrit	Mathématiques
	Score moyen (erreur-type)	
Botswana	535 (4,6)	521 (3,5)
Eswatini	549 (3,0)	541 (2,4)
Kenya	543 (4,9)	557 (4,0)
Lesotho	468 (2,9)	477 (2,6)
Malawi	433 (2,6)	447 (2,9)
Maurice	574 (4,9)	623 (5,8)
Mozambique	477 (2,8)	484 (2,3)
Namibie	497 (3,0)	471 (2,5)
Seychelles	575 (3,1)	551 (2,5)
Afrique du Sud	495 (4,6)	495 (3,8)
Tanzanie (continentale)	578 (3,4)	553 (3,5)
Tanzanie (Zanzibar)	537 (3,1)	490 (2,4)
Ouganda	479 (3,5)	482 (2,9)
Zambie	434 (3,4)	435 (2,5)
Zimbabwe	508 (5,7)	520 (5,0)

Source : tableau dérivé de Hungi *et al.*, 2010.

Les rapports sur les cycles SACMEQ rendent compte des résultats sous forme de scores, de pourcentages et de niveaux de compétence. Lors du cycle SACMEQ III, des données ont été recueillies à propos de 61 000 élèves, de 8 000 enseignants et de 2 800 chefs d'établissement environ ; les scores moyens en lecture et en mathématiques sont indiqués dans le tableau 9.4. Le score moyen de l'échelle SACMEQ est fixé à 500 points ; les pays dont le score moyen est supérieur à 500 points se situent au-dessus de la moyenne.

C'est en Tanzanie (continentale), aux Seychelles et à Maurice que le score moyen est le plus élevé en lecture et à Maurice, au Kenya et en Tanzanie (continentale) qu'il est le plus élevé en mathématiques (Hungi *et al.*, 2010).

Des rapports sur le cycle SACMEQ III sont établis par pays participant ; les aspects particulièrement importants pour chaque pays sont mis en évidence. Le rapport sur le cycle SACMEQ III en Namibie indique par exemple que 73 % des élèves testés en 6e année disposent d'au moins un cahier d'exercice, un stylo ou un crayon et une règle entre autres fournitures scolaires, mais que seulement 32 % d'entre eux disposent de leur propre manuel de mathématiques, un pourcentage inférieur à la moyenne des pays participants (41 %) (Amadila *et al.*, 2011).

Les évaluations du SACMEQ ont contribué à la réalisation d'un certain nombre d'objectifs de l'action publique dans les pays participants, notamment suivre l'évolution des niveaux de compétence des élèves et des écarts de score entre les sexes en lecture et en mathématiques, des connaissances sur la prévention du VIH/sida et des cours sur le VIH/sida, du redoublement, du degré d'équité de la répartition des moyens humains et matériels entre les établissements et du degré de parité à la direction des établissements (SACMEQ, 2017).

Programme d'analyse des systèmes éducatifs de la CONFEMEN

La Conférence des ministres de l'Éducation des États et gouvernements de la Francophonie (CONFEMEN) a créé son propre programme d'évaluation, le Programme d'analyse des systèmes éducatifs de la CONFEMEN (PASEC). Cette évaluation est principalement administrée dans des pays francophones d'Afrique centrale et occidentale et à Madagascar ; elle l'a également été au Cambodge, en Chine, au Laos, au Liban et au Viet Nam (PASEC, 2015).

Les trois objectifs principaux du PASEC sont de produire des données fiables et probantes sur l'apprentissage ; d'utiliser les résultats des évaluations pour orienter la réforme de l'éducation ; et de renforcer les capacités nationales d'évaluation dans les pays participants. Les épreuves sont administrées en 2e et en 6e année. Les résultats aident à mesurer la qualité et l'équité de l'enseignement primaire dans les pays participants et à déterminer les facteurs scolaires et non scolaires qui influent sur l'apprentissage des élèves (PASEC, 2015).

Le PASEC a été créé en 1991 et 24 pays francophones ont participé aux cycles programmés entre 1991 et 2010. En 2012, le cadre d'évaluation a été profondément remanié dans le but d'améliorer la méthodologie. Une nouvelle version des épreuves a été administrée au Bénin, au Burkina Faso, au Burundi, au Cameroun, en Côte d'Ivoire, au Niger, en République démocratique du Congo, au Sénégal, au Tchad et au Togo en 2013/2014. L'évaluation suivante a eu lieu en 2019 au Bénin, au Burkina Faso, au Burundi, au Cameroun, en Côte d'Ivoire, au Gabon, en Guinée, à Madagascar, au Mali, au Niger, en République démocratique du Congo, en République du Congo, au Sénégal, au Tchad et au Togo. Les résultats de 2019 n'ont pas encore été rendus publics. Les épreuves de la dernière évaluation dont les résultats sont disponibles (2014) ont été administrées dans la langue officielle d'enseignement (le français) dans la plupart des pays participants. Après traduction et adaptation, elles ont été administrées en anglais au Cameroun et en kirundi au Burundi (PASEC, 2015).

Contrairement à d'autres évaluations régionales et internationales qui sont généralement administrées en fin d'année scolaire, les épreuves du cycle PASEC 2014 ont été administrées en début d'année scolaire en vue de déterminer, à des fins diagnostiques, le niveau de compétence des élèves en langue d'enseignement et en mathématiques et de repérer des obstacles courants au processus d'apprentissage, le but étant d'aplanir ces obstacles qui limitent le niveau de compétence et peuvent conduire à l'échec ou au décrochage scolaire (PASEC, 2015).

Les matières et compétences évaluées dans les épreuves du cycle PASEC 2014 sont résumées dans l'encadré 9.1 (PASEC, 2015). Les épreuves de 2e et de 6e année portent sur les mêmes matières et les mêmes dimensions, mais leur complexité et leur charge cognitive varient. En langue d'enseignement par

> **ENCADRÉ 9.1. Matières et compétences évaluées dans les épreuves du cycle PASEC 2014**
>
> **Épreuve de langue d'enseignement en 2ᵉ année**
>
> *Compréhension de l'oral :* évaluée dans des items sur des messages oraux associant des mots et des phrases isolés et des textes
>
> *Décodage et familiarisation avec l'écrit :* évalués dans des items sur la reconnaissance des caractéristiques de l'écrit, la reconnaissance graphophonologique et la lecture de lettres et de mots
>
> *Compréhension de l'écrit :* évaluée dans des items de lecture de mots et de phrases isolés et de textes où les élèves doivent trouver, combiner et interpréter des informations. L'acquisition de compétences associées à cette dimension permet aux élèves de lire en toute autonomie dans un large éventail de situations quotidiennes pour développer leurs savoirs et participer à la vie de la société.
>
> **Épreuve de mathématiques en 2ᵉ année**
>
> *Arithmétique :* évaluée dans des items où les élèves doivent compter, dénombrer et gérer des quantités, faire des opérations, compléter des séries de chiffres et résoudre des problèmes
>
> *Géométrie, espace et mesure :* évalués dans des items où les élèves doivent reconnaître des formes géométriques et utiliser les concepts de taille et de position dans l'espace
>
> **Épreuve de langue d'enseignement en 6ᵉ année**
>
> *Décodage de mots et de phrases isolés :* évalué dans des items de reconnaissance graphophonologique de mots et de compréhension du sens de mots et de phrases isolés
>
> *Compréhension de l'écrit :* évaluée dans des items où les élèves doivent lire des textes littéraires et informatifs et des documents, extraire et interpréter un ou plusieurs fragments d'information, combiner des fragments d'information et faire des inférences simples
>
> **Épreuve de mathématiques en 6ᵉ année**
>
> *Arithmétique :* évaluée dans des items où les élèves doivent reconnaître et résoudre des problèmes, faire des opérations et utiliser des nombres entiers et décimaux, des fractions, des pourcentages, des séries de nombres et des tableaux de données
>
> *Mesure :* évaluée dans des items où les élèves doivent reconnaître et résoudre des problèmes axés sur le concept de mesure (longueur, poids, capacité, surface et périmètre)
>
> *Géométrie et espace :* évaluée dans des items de reconnaissance des propriétés de formes géométriques à deux et trois dimensions et des relations géométriques et d'orientation et de visualisation dans l'espace
>
> *Source :* encadré dérivé de PASEC, 2015. 2015.

exemple, les élèves doivent décoder le sens de mots et comprendre des phrases et des textes courts en 2ᵉ année, alors qu'ils doivent comprendre et déduire des informations dans des textes littéraires ou informatifs plus longs en 6ᵉ année. Lors du cycle PASEC 2014, les élèves, les enseignants, les chefs d'établissement et des responsables du ministère de l'Éducation ont répondu à des questionnaires contextuels.

Les scores des élèves lors du cycle PASEC 2014 ont été rapportés sur une échelle unique dont la moyenne a été fixée à 500 points. Il ressort des épreuves administrées en 2ᵉ année en 2014 que les élèves sont dans l'ensemble plus performants en langue et en mathématiques au Burundi que dans les autres pays (voir le graphique 9.1). La République du Congo, le Burkina Faso et le Sénégal comptent également parmi les pays très performants.

Ces scores moyens sont complétés par les pourcentages d'élèves à chaque niveau de compétence dans les pays participants. En 2ᵉ année, l'échelle de compétence en langue d'enseignement du cycle PASEC 2014 compte cinq niveaux de compétence, qui renvoient aux capacités de non-lecteur, de lecteur en éveil, de lecteur émergent, de lecteur intermédiaire et de lecteur confirmé, et comporte un seuil « suffisant » de compétence. Le pourcentage d'élèves de 2ᵉ année à chacun de ces niveaux de compétence en 2014 est indiqué dans le tableau 9.5. Moins de 30 % des élèves se classent dans le groupe des lecteurs confirmés, c'est-à-dire qui savent décoder l'écrit et comprendre des phrases et des passages écrits et des messages oraux.

GRAPHIQUE 9.1. Scores moyens aux épreuves de langue d'enseignement et de mathématiques de 2ᵉ année lors du cycle PASEC 2014

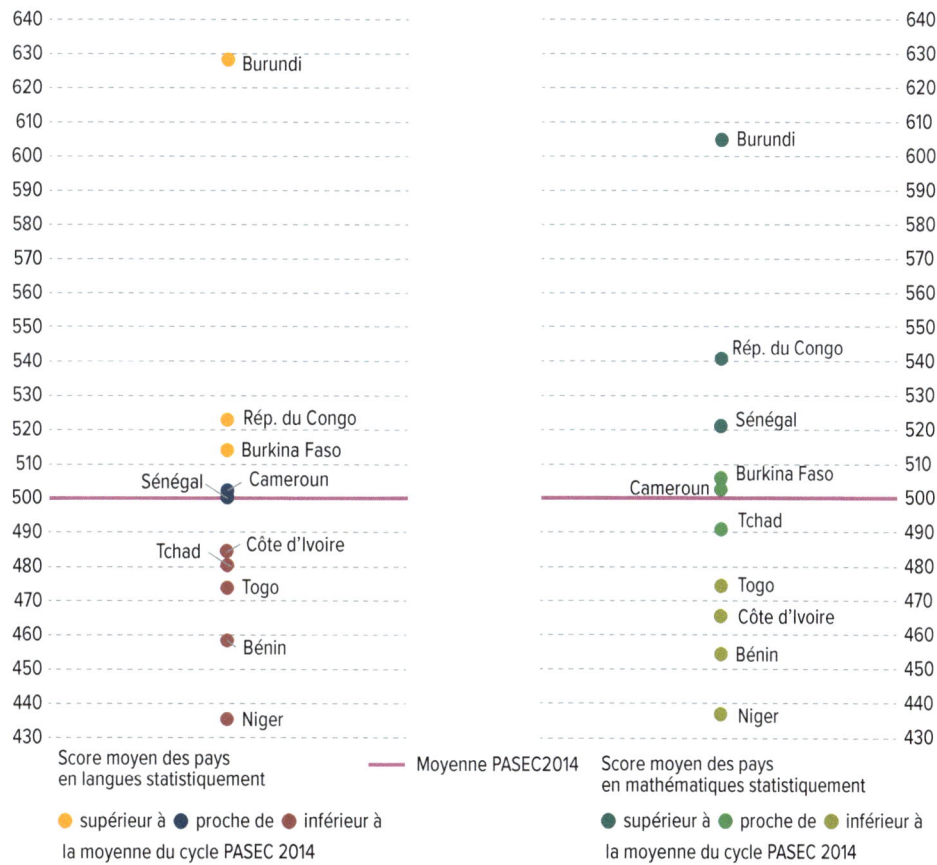

Source : PASEC, 2015.

TABLEAU 9.5. PASEC 2014 : échelle de compétence en langue d'enseignement de 2ᵉ année

Niveau	Score minimum	Pourcentage d'élèves	Description
4	610,4	14,1	Lecteur intermédiaire : vers une lecture autonome pour comprendre des phrases et des textes. Les élèves ont acquis des compétences de déchiffrage de l'écrit et de compréhension de l'oral et de l'écrit.
3	540,0	14,5	Apprenti lecteur : vers le perfectionnement du déchiffrage de l'écrit et des capacités de compréhension de l'écrit et de l'oral. Les élèves sont capables de comprendre des mots écrits ou prononcés.
Seuil « suffisant » de compétence			
2	469,5	28,7	Lecteur émergent : vers le développement des capacités de déchiffrage de l'écrit et le renforcement des capacités de compréhension orale. Les élèves sont capables d'établir les premiers liens rudimentaires entre langage oral et écrit.
1	399,1	30,3	Lecteur en éveil : les premiers contacts avec le langage écrit et oral. Les élèves sont capables de comprendre des messages oraux très courts dans des contextes familiers.
Sous le niveau 1	126,0	12,4	Les élèves situés sous le niveau 1 n'ont pas encore acquis les compétences évaluées dans cette épreuve.

Source : tableau dérivé de PASEC, 2015.

Laboratorio Latinoamericano de Evaluación de la Calidad de la Educación

Le Laboratorio Latinoamericano de Evaluación de la Calidad de la Educación (LLECE) a été créé en 1994. Il s'agit d'un réseau de systèmes nationaux d'évaluation de la qualité de l'enseignement d'Amérique latine qui a pour mission de superviser la conception d'études comparatives sur la qualité de l'enseignement dans la région (Flotts et *al.*, 2016). Ce réseau est coordonné par le Bureau régional pour l'éducation en Amérique latine et dans les Caraïbes (OREALC) de l'Organisation des Nations Unies pour l'éducation, la science et la culture (UNESCO).

L'objectif du LLECE est d'évaluer les acquis des élèves dans trois matières principales, la langue d'enseignement, les mathématiques et les sciences. L'OREALC s'emploie à faire en sorte que les résultats de ces épreuves soient pris en compte dans la politique d'éducation, à appuyer le renforcement des capacités des systèmes d'évaluation et à promouvoir les échanges de vues et d'idées entre les pays. L'OREALC continue de donner la priorité à l'amélioration de la qualité de l'enseignement, car la forte augmentation des taux de scolarisation en Amérique latine et dans les Caraïbes n'est pas allée de pair avec une augmentation proportionnelle du niveau de compétence (Flotts et *al.*, 2016).

Il y a eu quatre cycles d'évaluation à ce jour. Le premier, axé sur la lecture et les mathématiques, a été organisé en 1997 en 3ᵉ et 4ᵉ années. Le deuxième a eu lieu en 2006 dans les mêmes matières en 3ᵉ année ainsi qu'en sciences en 6ᵉ année. Le troisième a été organisé en 2013 dans les mêmes matières et les mêmes années d'études que le précédent (Flotts *et al.*, 2016). Les résultats du quatrième cycle, organisé en 2019 dans les mêmes matières et les mêmes années d'études que le précédent, seront rendus publics en 2021. Les pays ayant participé aux évaluations du LLECE sont indiqués par cycle dans le tableau 9.6.

Après examen du cadre d'évaluation et des versions préliminaires des épreuves du troisième cycle, dont la conception a été basée sur les points communs repérés dans les programmes de cours des pays participants, l'OREALC a décidé d'inclure dans l'évaluation des caractéristiques propres à la région, qui n'étaient pas retenues dans d'autres grandes évaluations internationales ou régionales (Flotts *et al.*, 2016 ; Greaney et Kellaghan, 2008). Les branches et les processus cognitifs évalués en lecture, en mathématiques et en sciences lors du troisième cycle sont décrits dans les encadrés 9.2, 9.3 et 9.4.

TABLEAU 9.6. Pays ayant participé aux évaluations du LLECE, par cycle

Cycle	Pays
Premier	Argentine, Bolivie, Brésil, Chili, Colombie, Costa Rica, Cuba, Honduras, Mexique, Paraguay, Pérou, République dominicaine et Venezuela (République bolivarienne du)
Deuxième	Argentine, Brésil, Chili, Colombie, Costa Rica, Cuba, Équateur, El Salvador, Guatemala, Mexique, Nicaragua, Panama, Paraguay, Pérou, République dominicaine et Uruguay
Troisième	Argentine, Brésil, Chili, Colombie, Costa Rica, Équateur, Guatemala, Honduras, Mexique, Nicaragua, Panama, Paraguay, Pérou, République dominicaine et Uruguay
Quatrième	Argentine, Bolivie, Brésil, Chili, Colombie, Costa Rica, Cuba, Équateur, El Salvador, Guatemala, Honduras, Mexique, Nicaragua, Panama, Paraguay, Pérou, République dominicaine et Uruguay

Source : tableau original créé pour le présent rapport.

ENCADRÉ 9.2. Compétences et processus cognitifs évalués en lecture lors du troisième cycle du LLECE

Compétences

Compréhension de texte : lecture de textes continus et non continus, suivie d'items intra-texte ou inter-textes

Compétences théoriques et métalinguistiques : maîtrise des concepts linguistiques et littéraires, avec priorité au langage et à la connaissance des concepts et à la reconnaissance des caractéristiques des textes

Processus cognitifs

Compréhension littérale : reconnaître des éléments explicites dans des textes et localiser des informations dans des passages spécifiques

Compréhension inférentielle : combiner des fragments d'information disséminés dans des textes afin de comprendre l'intention principale de leur auteur et extraire les éléments principaux d'informations complexes et établir des relations entre ces éléments

Compréhension critique : évaluer le point de vue de l'auteur et le distinguer de celui d'autres personnes ou l'opposer à celui d'autres personnes

Source : encadré dérivé des travaux de Flotts *et al.*, 2016.

ENCADRÉ 9.3. Branches et processus cognitifs évalués en mathématiques lors du troisième cycle du LLECE

Branches

Nombres : connaissance des nombres et de la structure de leur système, représentation et construction de relations numériques, choix des opérations (addition, soustraction, multiplication et division, fonction exponentielle) à faire pour résoudre des problèmes

Géométrie : propriétés des objets en deux et trois dimensions ; translation, déplacement et rotation de formes géométriques ; similitude des formes géométriques ; et construction de formes géométriques

Mesure : ordres de grandeur et estimations ; utilisation d'unités de mesures, de tendances et de devises

Statistiques : utilisation et interprétation des données, estimation de tendances majeures et représentation des données

Variations : connaissances en nombres et en géométrie, reconnaissance de variables, notions de fonction et proportionnalité directe et inverse

Processus cognitifs

Reconnaissance d'objets et d'éléments : reconnaissance de faits, de relations, de propriétés et de concepts mathématiques énoncés directement et explicitement

Résolution de problèmes simples : utilisation d'informations mathématiques relatives à une variable explicitement énoncée pour parvenir à la solution

Résolution de problèmes complexes : réorganisation d'informations mathématiques fournies dans un énoncé et élaboration structurée d'une solution sur la base de relations non structurées en présence de plus d'une variable

Source : encadré dérivé des travaux de Flotts *et al.*, 2016.

ENCADRÉ 9.4. Domaines et processus cognitifs évalués en sciences lors du troisième cycle du LLECE

Domaines

Santé : connaissance de la structure et du fonctionnement du corps

Vie : connaissance des organismes et de leurs caractéristiques et classification des êtres vivants

Environnement : interactions entre les organismes et leur environnement

Terre et système solaire : caractéristiques physiques de la Terre, mouvements de la Terre et de la Lune et relation de ces mouvements avec l'atmosphère et des phénomènes naturels, notamment climatiques, observables

Matière et énergie : notions élémentaires des propriétés de la matière (poids, volume et température) et formes d'énergie

Source : encadré dérivé des travaux de de Flotts *et al.*, 2016.

Les mêmes compétences, branches et processus cognitifs sont évalués en 3ᵉ et en 6ᵉ année dans chaque matière, mais les items sont plus difficiles en 6ᵉ année. Le nombre d'items de compréhension critique de textes est par exemple proportionnellement plus élevé en 6ᵉ année. De même, l'épreuve de mathématiques de 6ᵉ année contient davantage d'items dans lesquels les élèves doivent trouver des solutions à des problèmes complexes où la relation entre les variables n'est pas explicite (Flotts *et al.*, 2016).

Des questionnaires contextuels ont été administrés aux élèves, aux parents, aux enseignants et aux chefs d'établissement. Dans leur questionnaire, les élèves fournissent des informations sur leurs caractéristiques démographiques, le matériel pédagogique dont ils disposent à l'école et à domicile, leurs relations avec les enseignants et les autres élèves et les activités parascolaires. Dans leur questionnaire, les parents fournissent des informations sur leur famille et leur voisinage, le matériel pédagogique dont ils disposent à domicile, leurs attitudes à l'égard de la lecture, le comportement de leur enfant et leur implication dans l'apprentissage de leur enfant à domicile. Dans leur questionnaire, les enseignants fournissent des informations sur leurs caractéristiques démographiques, leur expérience professionnelle, leurs conditions de travail et la gestion de leur établissement. Dans leur questionnaire, les chefs d'établissement fournissent des informations sur la gestion de leur établissement ainsi que sur le matériel et les infrastructures scolaires (Flotts *et al.*, 2016).

Le score moyen des pays participants aux épreuves de lecture et de mathématiques administrées en 3ᵉ année lors du troisième cycle du LLECE est indiqué dans le tableau 9.7. Le score moyen est fixé à 700 points sur l'échelle de compétence. C'est au Chili, au Costa Rica et en Uruguay que le score moyen est le plus élevé dans les deux matières.

TABLEAU 9.7. LLECE : score moyen aux épreuves de lecture et de mathématiques en 3ᵉ année lors du troisième cycle

Pays	Lecture	Mathématiques
	Moyenne (Erreur-type)	
Argentine	703 (4,89)	717 (4,83)
Brésil	712 (4,99)	727 (6,05)
Chili	802 (3,96)	787 (4,04)
Colombie	714 (8,33)	694 (7,80)
Costa Rica	754 (3,24)	750 (2,86)
République dominicaine	614 (3,50)	602 (3,68)
Équateur	698 (4,72)	703 (4,75)
Guatemala	678 (3,87)	672 (3,28)
Honduras	681 (4,14)	680 (4,97)
Mexique	718 (3,25)	741 (3,26)
Nicaragua	654 (2,84)	653 (3,07)
Panama	670 (3,94)	664 (4,45)
Paraguay	653 (4,81)	652 (5,42)
Pérou	719 (3,91)	716 (4,10)
Uruguay	728 (7,15)	742 (7,96)

Source : encadré dérivé des travaux de Flotts *et al.*, 2016.

Les résultats ont également été rapportés par niveau de compétence. Il ressort de leur analyse que 39 % des élèves de 3e année sont parvenus à se hisser aux deux niveaux de compétence les plus élevés en lecture. Ces élèves très performants peuvent comprendre des concepts et établir des relations entre eux, interpréter des informations fournies dans des textes complexes à propos de sujets non familiers et en déduire le sens. En mathématiques, 29 % des élèves se situent aux deux niveaux de compétence les plus élevés. Ces élèves sont capables de résoudre des problèmes mathématiques complexes impliquant des opérations arithmétiques, de la géométrie et une interprétation d'informations fournies dans des tableaux et des graphiques (Flotts *et al.*, 2016).

Pacific Islands Literacy and Numeracy Assessment

Le Programme pour l'évaluation et la qualité de l'enseignement (EQAP) de la Communauté du Pacifique (CPS) supervise la conception et l'administration de l'évaluation de la numératie et de la littératie des élèves en fin de 4e et de 6e année dans les États insulaires du Pacifique (Pacific Islands Literacy and Numeracy Assessment, PILNA) (SPC et EQAP, 2019).

Le principal objectif de la PILNA est d'améliorer le rendement de l'apprentissage dans les États insulaires du Pacifique et de suivre son évolution dans un cadre conceptuel commun et d'explorer des facteurs cognitifs et contextuels qui favorisent l'apprentissage des élèves dans la région. L'EQAP et ses partenaires cherchent aussi à aider les pays participants à renforcer leurs capacités d'évaluation des acquis scolaires et à améliorer leur politique d'éducation et leurs normes d'apprentissage par la collaboration (SPC et EQAP, 2019).

La PILNA a été administrée à trois reprises à ce jour : en 2012, en 2015 et en 2018 (SPC et EQAP, 2019). Les pays qui ont participé à la PILNA sont indiqués par cycle dans le tableau 9.8.

Le cadre d'évaluation de la PILNA a été constitué sur la base des normes communes d'apprentissage dans la région. L'EQAP et les représentants nationaux ont passé en revue les programmes de cours des pays participants et ont repéré les composantes et les normes d'apprentissage qu'ils avaient en commun, lesquelles ont été intégrées dans le cadre conceptuel de la PILNA et ont servi de base à la définition de scores de référence régionaux (SPC et EQAP, 2019).

Les épreuves PILNA évaluent les connaissances fondamentales, les facultés de compréhension et les compétences requises pour participer pleinement à la

TABLEAU 9.8. Pays ayant participé à chaque cycle PILNA

Cycle	Pays
Premier	États fédérés de Micronésie, Fidji, Îles Cook, Îles Marshall, Îles Salomon, Kiribati, Nauru, Nioué, Palaos, Papouasie-Nouvelle-Guinée, Samoa, Tokélaou, Tonga et Tuvalu
Deuxième	États fédérés de Micronésie, Îles Cook, Îles Marshall, Îles Salomon, Kiribati, Nioué, Palaos, Papouasie-Nouvelle-Guinée, Samoa, Tokélaou, Tonga et Tuvalu
Troisième	États fédérés de Micronésie, Fidji, Îles Cook, Îles Marshall, Îles Salomon, Kiribati, Nauru, Nioué, Palaos, Papouasie-Nouvelle-Guinée, Samoa, Tokélaou, Tonga et Tuvalu

Source : tableau original créé pour le présent rapport.

vie de la société. Dans le cadre d'évaluation de la PILNA, la littératie se définit comme l'ensemble des connaissances et compétences dont les individus ont besoin pour communiquer sous quelque forme que ce soit au sujet de tous les aspects de la vie courante (SPC et EQAP, 2019, p. 1). Les indicateurs de référence des quatre aspects de la littératie retenus dans la PILNA, à savoir la compréhension à la lecture, la compréhension à l'audition, l'expression écrite et l'expression orale, sont indiqués dans le tableau 9.9.

Dans le cadre d'évaluation de la PILNA, la numératie se définit comme l'ensemble des connaissances et compétences dont les individus ont besoin pour mener à bien des processus mathématiques et comprendre et employer le langage mathématique à diverses fins en rapport avec la vie courante (SPC et EQAP, 2019, p. 1). Les indicateurs de référence des quatre aspects de la numératie retenus dans la PILNA, à savoir les nombres, les opérations, les mesures et la géométrie et les données, sont indiqués dans le tableau 9.10.

Les scores sont rapportés sur les échelles PILNA de littératie et de numératie qui sont divisées en neuf niveaux de compétence et dont la moyenne est fixée à 500 points et l'écart-type, à 50 points. Les élèves les moins performants en numératie ne sont pas capables d'écrire un nombre de deux chiffres ou de compléter une suite arithmétique croissante définie par une relation simple. Les élèves les plus performants parviennent à résoudre des problèmes à l'énoncé complexe et aux opérations combinées, à convertir des longueurs en différentes unités de mesure et à calculer la probabilité que des événements se produisent (SPC et EQAP, 2019).

Le pourcentage d'élèves de 4e année à chaque niveau PILNA de compétence en numératie est indiqué par cycle dans le graphique 9.2. Le pourcentage d'élèves

TABLEAU 9.9. PILNA 2018 : compétences de référence en littératie en 4e et en 6e année

Littératie	4e année	6e année
Compréhension de l'écrit	Comprendre un éventail de textes où les idées sont d'une certaine complexité et dont la structure est peu prévisible	Utiliser des stratégies de compréhension pour interpréter et évaluer un éventail de textes dont le fond et la structure sont d'une complexité croissante
Expression écrite	Présenter des idées et des informations dans des phrases et des paragraphes simples pour créer un éventail de textes	Appliquer un éventail de conventions d'écriture pour présenter des idées et des informations sur un large éventail de thèmes et dans de nombreux types de texte différents
Compréhension à l'audition	Utiliser des stratégies d'écoute pour comprendre des informations exprimées oralement qui sont d'une certaine complexité et se situent dans un éventail de cadres, d'expériences et d'environnements d'apprentissage	Utiliser des stratégies d'écoute pour comprendre et évaluer des informations exprimées oralement dont la complexité du fond et de la structure va croissant
Expression orale	Utiliser des structures d'une certaine complexité pour exprimer des idées et décrire des expériences dans un éventail de contextes	Utiliser des structures complexes pour exprimer des idées et décrire des expériences dans un éventail de contextes

Source : tableau dérivé de SPC et d'EQAP, 2019.

TABLEAU 9.10. PILNA 2018 : compétences de référence en numératie en 4ᵉ et en 6ᵉ année

Littératie	4ᵉ année	6ᵉ année
Nombres	• Reconnaître, représenter et comparer des quantités • Utiliser le concept de la valeur positionnelle, signe que le système des nombres est compris • Interpréter des séries de nombres selon des règles simples pour résoudre des problèmes • Comprendre l'équivalence des fractions	• Comprendre les nombres, leur ordre de grandeur, leurs propriétés et leurs relations • Interpréter les relations et les propriétés de séries de nombres et de fractions exprimées sous différentes formes
Opérations	• Utiliser diverses représentations et des compétences mathématiques pour résoudre des problèmes avec des opérations arithmétiques	• Utiliser des compétences mathématiques pour relier diverses opérations arithmétiques afin de résoudre des problèmes qui s'inscrivent dans un éventail de situations familières
Mesure et géométrie	• Connaître le concept de quantité mesurable, les unités de mesure et les principes de conversion et les instruments de mesure • Appliquer des compétences en géométrie pour mesurer et calculer les attributs physiques d'objets et d'événements familiers et comparer et utiliser les propriétés des formes et des figures	• Concevoir et utiliser des modèles qui facilitent les calculs avec des quantités mesurables • Utiliser les propriétés des objets et des figures géométriques
Données	• Recueillir, classer, représenter et interpréter des données de différentes façons	• Recueillir des données et les présenter dans des tableaux et graphiques • Analyser et interpréter des résultats • Utiliser le langage mathématique associé aux probabilités relatives à des événements familiers

Source : tableau dérivé de SPC et d'EQAP, 2019.

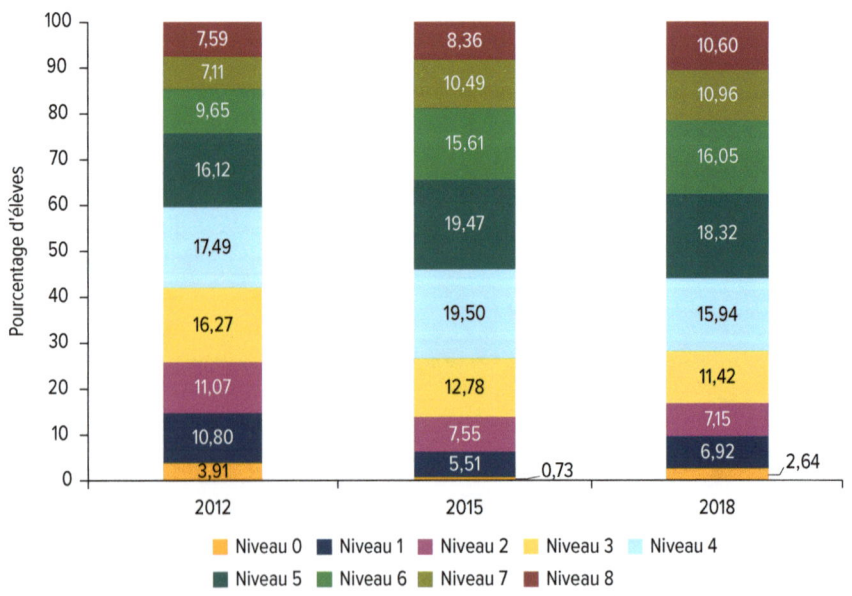

GRAPHIQUE 9.2. Évolution du pourcentage d'élèves à chaque niveau de compétence en numératie en 4ᵉ année entre les cycles PILNA 2012 et PILNA 2018

Source : SPC et EQAP 2019.

TABLEAU 9.11. Association entre les ressources scolaires et le niveau de compétence des élèves

Matière	Corrélation (Erreur-type)
Numératie	
4ᵉ année	0,05 (0,02)
6ᵉ année	0,07 (0,02)
Littératie	
4ᵉ année	0,12 (0,03)
6ᵉ année	0,13 (0,03)

Source : SPC et EQAP 2019.
Remarque : les coefficients de corrélation sont tous statistiquement significatifs (valeur p supérieure à 0,05).

aux niveaux de compétence les plus élevés en numératie a augmenté au fil du temps, signe que l'amélioration de l'enseignement a entraîné une augmentation du niveau de compétence en 4ᵉ année dans les États insulaires du Pacifique.

Les résultats du cycle PILNA 2018 suggèrent une corrélation positive entre les ressources scolaires et le niveau de compétence des élèves en numératie et en littératie (voir le tableau 9.11). Pour calculer le coefficient de corrélation entre les ressources scolaires et le niveau de compétence des élèves, les analystes ont évalué l'indicateur de ressources scolaires par établissement sur la base de ressources spécifiques (photocopieurs, bibliothèque, accès à Internet, ordinateurs à la disposition des élèves et des enseignants et infirmerie). Les coefficients positifs donnent à penser qu'il est important de fournir suffisamment de ressources aux établissements pour améliorer l'apprentissage des élèves.

Southeast Asia Primary Learning Metrics

C'est à l'Organisation des ministres de l'éducation des pays du Sud-Est asiatique (SEAMEO) et à sa collaboration avec le Fonds des Nations Unies pour l'enfance (UNICEF) que l'on doit l'évaluation Southeast Asia Primary Learning Metrics (SEA-PLM), la plus récente des évaluations régionales. Comme dans la PILNA, l'équipe chargée de la SEA-PLM a bénéficié de l'appui au renforcement des capacités et de l'assistance technique d'organisations internationales d'évaluation (UNICEF et SEAMEO, 2017a).

Le principal objectif de la SEA-PLM est d'évaluer le rendement de l'apprentissage à l'échelle des systèmes pour améliorer la qualité de l'enseignement dans les pays membres de la SEAMEO. Cette évaluation est conçue pour fournir aux responsables politiques des informations probantes sur la qualité de leur système d'éducation et les aider à mieux comprendre les facteurs qui influent sur l'apprentissage des élèves. Elle évalue les connaissances, les compétences et le degré de compréhension des élèves dans quatre domaines (mathématiques, lecture, expression écrite et citoyenneté mondiale) et vise à renforcer les capacités d'évaluation des pays participants (UNICEF et SEAMEO, 2017a).

Le processus de conception a commencé en 2015 par la définition du cadre conceptuel et la rédaction des items, leur traduction et leur administration pilote dans des pays participants. En 2018, l'équipe responsable de la SEA-PLM a finalisé le cadre d'échantillonnage de la collecte de données. Les épreuves ont été administrées en 2019 dans un effectif représentatif d'élèves de 5ᵉ année dans six pays d'Asie du Sud-Est, à savoir au Cambodge, en Malaisie, au Myanmar, aux Philippines, en République démocratique populaire lao et au Viet Nam. Des rapports et des activités de diffusion sont prévues en 2020 et en 2021 (UNICEF et SEAMEO, 2017a).

Le cadre d'évaluation de trois des quatre domaines (mathématiques, lecture et expression écrite) a été élaboré après une analyse approfondie des programmes de cours des pays participants et d'informations d'autres sources. L'équipe d'évaluation a examiné les programmes de cours et les normes d'apprentissage dans ces matières, la description des programmes nationaux d'évaluation et les consignes d'évaluation en classe, la répartition des cours par matière et, dans certains pays, la description du passage de la langue maternelle à la langue d'enseignement officielle. Les aspects et éléments communs aux programmes de cours qui ont été repérés lors de cet exercice ont été utilisés pour rédiger le cadre d'évaluation de la SEA-PLM en mathématiques, en lecture et en expression écrite (UNICEF et SEAMEO, 2017a).

Selon la définition retenue lors du cycle SEA-PLM 2019, les épreuves de mathématiques visent à évaluer la capacité des élèves de traduire en langage mathématique des problèmes qui s'inscrivent dans un contexte intéressant ou important à leurs yeux, d'appliquer des connaissances et des compétences mathématiques pour les résoudre, d'interpréter les résultats mathématiques en contexte et d'en repérer les mérites ou les limites (UNICEF et SEAMEO, 2017a, p. 15). Plusieurs branches des mathématiques ont été choisies, à savoir les nombres et l'algèbre, les mesures et la géométrie et les probabilités et l'analyse de données. Un traitement cognitif d'informations mathématiques d'une complexité variable s'impose pour répondre aux items proposés dans chaque branche (voir l'encadré 9.5). Dans bon nombre des items de mathématiques, il faut comprendre un stimulus et l'exprimer en termes mathématiques et

---

ENCADRÉ 9.5. Processus cognitifs évalués en mathématiques lors du cycle SEA-PLM 2019

Processus cognitifs

Traduire : énoncer les problèmes en langage mathématique – les sortir de leur contexte pour les formuler selon des concepts mathématiques afin de les résoudre

Appliquer : utiliser des connaissances et des compétences mathématiques pour trouver des solutions mathématiques ou générer des résultats mathématiques au moyen d'idées, d'objets et de techniques mathématiques

Interpréter et réexaminer : traduire les solutions mathématiques et les replacer dans le contexte initial des problèmes

Source : encadré dérivé de l'ouvrage de UNICEF et SEAMEO, 2017a.

non faire des calculs. Les problèmes de la vie réelle retenus lors du cycle SEA-PLM 2019 ne se limitent à pas une branche, et les élèves doivent combiner des aspects de plusieurs branches pour les résoudre (UNICEF et SEAMEO, 2017a).

En lecture, c'est la capacité de comprendre un éventail de textes écrits, de les utiliser et d'y réagir pour répondre à des besoins personnels, sociétaux, économiques et civiques qui est évaluée (UNICEF et SEAMEO, 2017a, p. 23). Cette définition souligne l'importance du processus de compréhension, qui consiste à décoder les textes pour localiser et interpréter des informations, saisir l'objet des textes et utiliser les informations fournies dans des textes pour évaluer la connaissance du monde (UNICEF et SEAMEO, 2017a).

En lecture, les compétences sont notamment évaluées par type et format de texte. Le format des textes renvoie à la façon dont les textes sont organisés (textes continus, non continus et mixtes). Les informations sont fournies dans des phrases et des paragraphes dans les textes continus, dans des graphiques, des tableaux, des cartes ou des listes dans les textes non continus et dans une combinaison des formats précédents dans les textes mixtes (comme les points de vue et les articles publiés dans les journaux) (UNICEF et SEAMEO, 2017a). Les types de texte et les processus cognitifs évalués dans l'évaluation SEA-PLM sont résumés dans l'encadré 9.6

Selon la définition retenue dans l'étude SEA-PLM, l'expression écrite renvoie à la capacité de rédiger des textes sensés pour s'exprimer et communiquer avec autrui en vue de répondre à des besoins personnels, sociétaux, économiques et civiques (UNICEF et SEAMEO, 2017a, p. 32). Cette définition insiste sur la capacité de s'exprimer par des mots, mais fait aussi intervenir la capacité d'écrire sans fautes et de transmettre des messages par écrit dans une intention spécifique (UNICEF et SEAMEO, 2017a).

En expression écrite, les compétences des élèves sont notamment évaluées dans des items de rédaction de narrations, de descriptions, d'argumentaires, d'instructions et de transactions. Les types de textes retenus en expression écrite sont comparables à ceux décrits dans l'encadré 9.6, si ce n'est que les textes doivent être rédigés par les élèves en réponse aux items. Comme la réponse aux items dépend de la faculté d'écrire des élèves, les items peuvent tous valoir un crédit partiel selon les consignes de codage (UNICEF et SEAMEO, 2017a).

Pour produire les épreuves relatives à la citoyenneté mondiale, l'équipe responsable de l'évaluation s'est livrée à un examen systématique des cours en la matière et a repéré une série de valeurs essentielles communes à la région, notamment celles définies dans les documents soumis par l'Association des nations de l'Asie du Sud-Est (ASEAN). C'est à partir de ces informations que le domaine de la citoyenneté mondiale a été défini et que les compétences à évaluer dans ce domaine ont été déterminées (UNICEF et SEAMEO, 2017b).

Selon la définition retenue lors du cycle SEA-PLM 2019, on entend par « citoyens du monde » les personnes qui apprécient et comprennent la nature indissociable de tous les êtres vivants de la Terre, ce qui les amène à agir et à interagir avec autrui pour édifier un monde plus pacifique, plus juste, plus sûr et plus durable (UNICEF et SEAMEO, 2017b, p. 7). Le cadre d'évaluation précise que dans cette définition, c'est le concept de la nature indissociable qui est

> **ENCADRÉ 9.6. Types de textes et processus cognitifs évalués en littératie lors du cycle SEA-PLM 2019**
>
> **Types de textes**
>
> *Narrations :* textes sur des personnages, des événements ou des thèmes, qui répondent à des questions telles que « quand ? » ou « dans quel ordre »
>
> *Descriptions :* textes sur des personnes, des objets ou des concepts abstraits qui répondent à des questions telles que « quoi ? » et « comment ? »
>
> *Argumentaires :* textes présentant des points de vue écrits dans le but de convaincre le lecteur, qui répondent à des questions telles que « quoi ? » et « pourquoi ? »
>
> *Instructions :* textes décrivant la marche à suivre pour mener à bien une tâche spécifique, qui répondent à des questions telles que « comment ? » et « quand ? »
>
> *Transactions :* textes rédigés dans une intention spécifique, où intervient un échange d'informations entre deux parties au moins
>
> *Labels :* textes d'un seul mot ou d'un petit nombre de mots utilisés dans les items où les élèves doivent relier des images ou des mots présentés séparément (ces items servent à évaluer certaines des compétences premières de la littératie)
>
> **Processus cognitifs**
>
> *Reconnaissance des mots :* reconnaître les mots écrits et déterminer leur sens
>
> *Localisation :* localiser des informations générales ou spécifiques dans un texte
>
> *Interpréter :* comprendre des idées qui ne sont pas explicitement énoncées dans un texte et, à cet effet, établir des relations entre des idées, comprendre des hypothèses, résumer différents fragments d'information ou déterminer l'idée principale d'un texte
>
> *Réfléchir :* relier des informations fournies dans un texte à des connaissances extérieures au texte (par exemple, identifier les lecteurs cibles d'un texte, déterminer l'attitude de son auteur ou évaluer des arguments)
>
> *Source :* encadré dérivé de UNICEF et SEAMEO, 2017a.

l'idée maîtresse, en l'espèce que les actes locaux peuvent avoir des conséquences mondiales et qu'inversement, des événements mondiaux peuvent avoir des effets sur la paix, l'équité, la sécurité et la durabilité à l'échelle locale (UNICEF et SEAMEO, 2017b).

Le domaine de la citoyenneté mondiale est évalué dans trois aspects différents : les systèmes, les problèmes et la dynamique ; la conscience et les identités ; et l'engagement. Le premier concerne les systèmes qui reflètent et appuient la nature indissociable des êtres vivants et la dynamique engagée à tous les niveaux qui affecte le vécu des élèves, la répartition mondiale de la richesse et du pouvoir et la durabilité environnementale. Le deuxième explore les multiples identités des personnes et la façon dont elles interviennent dans leurs missions de citoyens du monde ; il renvoie aussi au respect et à l'acceptation de la diversité entre les communautés et au sein même de celles-ci. Quant au troisième, il

---

ENCADRÉ 9.7. Exemples d'aspects évalués dans le domaine de la citoyenneté mondiale lors du cycle SEA-PLM 2019

Systèmes, problèmes et dynamique
- Organisation des sociétés et du monde
- Nature et dynamique des changements dans les règles, les lois et les responsabilités au fil du temps
- Besoins essentiels et droits fondamentaux
- Injustice mondiale
- Valeurs et compétences associées à la coexistence pacifique
- Durabilité environnementale (réchauffement et changements climatiques, par exemple)
- Relations entre problèmes locaux et mondiaux

Conscience et identités
- Soi, sa famille, son école, son voisinage, sa communauté, son pays et le monde
- Similitudes et différences entre les personnes, les sociétés et les cultures
- Diversité de la société
- Relations entre communautés
- Facteurs influant sur les attitudes et les valeurs des individus

Engagement
- Individus et groupes d'individus agissant pour améliorer la communauté sans nuire à d'autres communautés
- Contribution des associations, notamment de bénévoles, des citoyens à l'amélioration de leur communauté et à la recherche de solutions à des problèmes mondiaux
- Vertus et retombées de l'engagement civique personnel et collectif
- Dialogue et débats publics
- Consommation durable

Source : encadré dérivé de UNICEF et SEAMEO, 2017b.

---

porte sur le fait que l'engagement est lié à la contribution que les élèves peuvent apporter en tant que citoyens du monde. Des exemples de chaque aspect de ce domaine d'évaluation sont présentés dans l'encadré 9.7 (UNICEF et SEAMEO, 2017b).

La première série de résultats de l'évaluation SEA-PLM a été publiée en 2020. Ces résultats donnent aux responsables politiques, aux parties prenantes et à des organisations internationales des informations comparatives précieuses sur le niveau de compétence des élèves dans certains pays qui n'avaient participé à aucune évaluation régionale et internationale jusque-là (le Myanmar, par exemple).

Les résultats aux épreuves SEA-PLM de lecture, d'expression écrite et de mathématiques sont rapportés sur des échelles de compétence, dont les différents niveaux correspondent à ce que les élèves savent et sont capables de faire. Les élèves qui parviennent à se hisser au niveau le plus élevé de cette échelle

GRAPHIQUE 9.3. Cycle SEA-PLMS 2019 : pourcentage d'élèves à chaque niveau de l'échelle de compréhension de l'écrit en 5ᵉ année

Pays	Sous le niveau 2	Niveau 3	Niveau 4	Niveau 5	Niveau 6 et au-delà
Cambodge	24	24	25	16	11
Laos	50	26	16	6	2
Malaisie	5	7	12	18	58
Myanmar	19	26	28	16	11
Philippines	27	29	22	12	10
Viet Nam	1	2	5	10	82
Moyenne des six pays	21	19	18	13	29

Source : UNICEF et SEAMEO, 2020.

ont acquis les compétences fondamentales associées à la fin de l'enseignement primaire, notamment les compétences du XXIᵉ siècle en communication, en technologie et en raisonnement critique (UNICEF et SEAMEO, 2020).

Les résultats aux épreuves SEA-PLM de lecture sont présentés dans le graphique 9.3. Les élèves qui atteignent au moins le niveau 6 sont capables de comprendre ce qu'ils lisent, d'utiliser des informations explicites et implicites fournies dans divers types de textes à la structure familière et de comparer de nombreux fragments d'information pour réfléchir à des idées nouvelles. Les élèves sous le niveau 2 parviennent à trouver le sens de certains mots dans un texte, mais pas à lire un éventail de textes courants et à comprendre ce qui y est énoncé. En Malaisie et au Viet Nam, la majorité des élèves atteignent le niveau de compétence le plus élevé en lecture à la fin de l'enseignement primaire. Il ressort également des résultats qu'en lecture, le niveau de compétence varie sensiblement au sein même des pays (UNICEF et SEAMEO, 2020).

Les filles tendent à être plus performantes que les garçons en compréhension de l'écrit et en expression écrite dans tous les pays ; elles le sont aussi en mathématiques au Cambodge, en Malaisie et aux Philippines.

Par ailleurs, les élèves tendent à être plus performants en lecture, en expression écrite et en mathématiques s'ils sont issus de milieux socioéconomiques plus favorisés, s'ils ont été préscolarisés ou s'ils parlent la langue d'enseignement en famille que ceux qui n'appartiennent à aucune de ces catégories (UNICEF et SEAMEO, 2020).

Références

Amadhila, Leopoldine, Helena Miranda, Sem Shikongo, and Raimo Dengeinge. 2011. "Policy Brief: Quality of Primary School Inputs in Namibia." http://www.sacmeq.org/sites/default/files/sacmeq/reports/sacmeq-iii/policy-brief/nam_school_inputs_15oct2011_final.pdf.

Flotts, Paulina, Jorge Manzi, Daniela Jimenez, Andrea Abarzua, Carlos Cayuman, and Maria José Garcia. 2016. *Informe de Resultados TERCE. Tercer Estudio Regional Comparativo y Explicativo. Logros de Aprendizaje*. Santiago, Chile: OREALC UNESCO.

Greaney, Vincent, and Thomas Kellaghan. 2008. *National Assessments of Educational Achievement, Volume 1: Assessing National Achievement Levels in Education*. Washington, DC: World Bank.

Hungi, Njora, Demus Makuwa, Kenneth Ross, Mioko Saito, Stephanie Dolata, Frank van Capelle, Laura Paviot, and Jocelyne Vellien. 2010. "SACMEQ III Project Results: Pupil Achievement Levels in Reading and Mathematics." http://www.sacmeq.org/sites/default/files/sacmeq/reports/sacmeq-iii/working-documents/wd01_sacmeq_iii_results_pupil_achievement.pdf.

PASEC (Programme d'Analyse des Systèmes Éducatifs de la CONFEMEN). 2015. *PASEC 2014. Education System Performance in Francophone Sub-Saharan Africa. Competencies and Learning Factors in Primary Education*. Dakar, Senegal: PASEC. https://www.pasec.confemen.org/wp-content/uploads/2015/12/Rapport_Pasec2014_GB_webv2.pdf.

SACMEQ (Southern and Eastern Africa Consortium for Monitoring Educational Quality). 2017. "The SACMEQ IV Project in South Africa: A Study of the Conditions of Schooling and the Quality of Education." http://www.sacmeq.org/sites/default/files/sacmeq/publications/sacmeq_iv_project_in_south_africa_report.pdf.

SPC (Pacific Community) and EQAP (Educational Quality and Assessment Programme). 2019. "Pacific Islands Literacy and Numeracy Assessment 2018 Regional Report." Suva, Fiji: SPC. https://research.acer.edu.au/ar_misc/31.

UNICEF (United Nations Children's Fund) and SEAMEO (Southeast Asian Ministers of Education Organization). 2017a. *SEA-PLM 2019 Assessment Framework, 1st Ed.* Bangkok, Thailand: UNICEF and SEAMEO-SEA-PLM Secretariat. https://www.seaplm.org/PUBLICATIONS/frameworks/sea-plm%202019%20assessment%20framework.pdf.

UNICEF (United Nations Children's Fund) and SEAMEO (Southeast Asian Ministers of Education Organization). 2017b. "SEA-PLM 2019 Global Citizenship Assessment Framework, 1st Ed." Bangkok, Thailand: UNICEF and SEAMEO-SEA-PLM Secretariat. https://www.seaplm.org/PUBLICATIONS/frameworks/sea-plm%202019%20global%20citizenship%20assessment%20framework.pdf.

UNICEF (United Nations Children's Fund) and SEAMEO (Southeast Asian Ministers of Education Organization). 2020. *SEA-PLM 2019 Main Regional Report, Children's Learning in 6 Southeast Asian Countries*. Bangkok, Thailand: UNICEF and SEAMEO-SEA-PLM Secretariat.

Sites web des organisations régionales d'évaluation

LLECE: https://es.unesco.org/fieldoffice/santiago/projects/llece
PASEC: https://www.pasec.confemen.org
SACMEQ: http://www.sacmeq.org
PILNA: https://eqap.spc.int
SEA-PLM: https://www.seaplm.org

Glossaire des termes techniques

Les définitions ci-dessous sont dérivées des *Standards for Educational and Psychological Testing* (AERA, APA et NCME, 2014) et des *2014 ETS Standards for Quality and Fairness* (ETS, 2014).

Accessibilité. Des épreuves sont accessibles lorsqu'elles sont conçues de façon telle qu'autant d'élèves que possible peuvent y répondre dans la mesure de leurs connaissances et compétences et qu'elles ne comportent pas d'items dont les caractéristiques sont sans rapport avec la matière ou le processus cognitif évalué et qui les empêchent d'y répondre.

Accommodements. Changements apportés au format des épreuves ou à leurs modalités d'administration compte tenu des besoins spécifiques d'élèves (allongement de la durée des épreuves si les élèves ne parlent pas la langue d'évaluation en famille, par exemple). Ces changements ne doivent pas modifier l'objet des épreuves (celles-ci doivent servir à évaluer les mêmes connaissances et compétences que chez les autres élèves), ni empêcher de comparer les scores entre élèves.

Adaptation d'épreuves. Changements apportés au format initial des épreuves ou à leurs modalités d'administration en vue d'accroître leur accessibilité à des élèves qui auraient sinon des difficultés sans rapport avec le domaine d'évaluation à répondre à ces épreuves ; la nature des changements peut affecter l'interprétation des scores. Changements apportés aux épreuves dans le cadre du processus de traduction et de contextualisation requis par groupe linguistique et culturel.

Alignement. La mesure dans laquelle le contenu et la charge cognitive des items sont alignés sur le contenu et la charge cognitive définis dans le cadre d'évaluation.

Ancrage. Procédure visant à convertir les scores à des épreuves différentes dans une même unité aux fins de comparaison. Il existe plusieurs méthodes pour ce faire, allant de la parallélisation statistique à l'ancrage selon l'avis des spécialistes des domaines d'évaluation.

Comparabilité, comparabilité des scores. La mesure dans laquelle les scores sont comparables entre plusieurs épreuves. Le degré de comparabilité des scores dépend de la procédure d'ancrage utilisée.

Conception universelle. Approche de conception et d'administration visant à garantir l'accessibilité des épreuves à l'ensemble de la population cible.

Conversion des scores. Conversion des scores bruts en une autre unité en vue de faciliter leur interprétation.

Définition des valeurs de référence. Procédure visant à définir les scores de référence par niveau de compétence, généralement sur la base des jugements des spécialistes des matières et, parfois, d'informations sur la base des propriétés des épreuves et la répartition des élèves entre les niveaux de compétence.

Épreuves alternatives. Épreuves conçues pour être administrées aux élèves incapables de passer les épreuves générales, même après accommodements. Variantes qui évaluent les mêmes connaissances et compétences et sont du même degré de difficulté que les épreuves générales, mais dans des items différents.

Épreuves modulables. Épreuves généralement informatisées dans lesquelles les réponses aux premiers items conditionnent le degré de difficulté des items suivants.

Équité. Les épreuves sont équitables si le moindre écart de score entre les élèves s'explique par un facteur de variance défini dans le *construct*. En d'autres termes, des caractéristiques individuelles ou hors *construct* ne doivent en principe pas affecter systématiquement les scores obtenus dans un ou plusieurs sous-groupes. Des écarts de score entre sous-groupes ne signifient pas nécessairement que les épreuves ne sont pas équitables, puisque les connaissances et les compétences varient selon les sous-groupes.

Fiabilité, précision. Absence d'erreurs aléatoires de mesure dans l'estimation des scores ; consistance des scores entre les cycles, entre les épreuves et entre les correcteurs.

Grille de correction. Critères définis (règles, principes et exemples) à appliquer lors de la correction des items à réponse ouverte. Elles doivent être assorties de règles et d'exemples par plage de scores.

Interprétation des scores par critère. Interprétation des scores aux épreuves par critère, par exemple rapporter les scores à des seuils ou à des niveaux de compétence qui décrivent ce que des élèves aux aptitudes différentes savent et sont capables de faire dans une matière.

Interprétation des scores par score de référence. Interprétation des scores en fonction de la différence de score entre les élèves et le score de référence (celui du groupe *témoin*). Les connaissances et compétences des élèves peuvent par exemple être décrites en fonction de l'ampleur de la différence entre leur score et le score moyen aux épreuves, tous élèves confondus.

Mise à l'échelle. Fait de rapporter les scores bruts sur des échelles.

Mise à l'échelle verticale. Procédure permettant de comparer des scores à des épreuves d'un degré de difficulté différent. Cette procédure est souvent utilisée pour rapporter sur la même échelle les scores à des épreuves administrées dans des années d'études différentes.

Normalisation. Série de procédures et de protocoles à suivre lors de la conception et de l'administration des épreuves pour garantir que les élèves passent tous les épreuves dans les mêmes conditions. La normalisation est indispensable à la comparabilité des scores, sauf accommodements à prévoir en fonction des besoins des élèves.

Normes d'apprentissage. Connaissances et compétences censées être acquises par les élèves par matière, souvent par année d'études ou niveau d'enseignement.

Parallélisation. Processus statistique consistant à rapporter les scores d'épreuves différentes sur la même échelle de compétence.

Performance, niveau de compétence. Description de ce que les élèves savent et sont capables de faire, par catégorie, sur une échelle alignée sur les normes d'apprentissage dans la matière visée (niveau inférieur, moyen et supérieur, par exemple).

Seuil de compétence. Point sur l'échelle de compétence à partir duquel les élèves se différencient des élèves situés sous ce point. L'interprétation des scores et les constats faits en-deçà et au-delà de ce point diffèrent (échec *vs* réussite, élèves peu performants *vs* élèves très performants, etc.).

Spécifications des épreuves. Description de l'objet, des fins et des caractéristiques des épreuves : matière, format, longueur et caractéristiques psychométriques des épreuves et des items, mode d'administration, correction et compte rendu des scores.

Validité. Mesure dans laquelle l'interprétation des scores est appropriée et justifiée par des éléments concrets et théoriques probants. La validité renvoie à la façon dont les scores sont interprétés, et non aux épreuves en elles-mêmes.

Références

AERA (American Educational Research Association), APA (American Psychological Association), and NCME (National Council on Measurement in Education). 2014. *Standards for Educational and Psychological Testing*. Washington, DC : AERA.

ETS (Educational Testing Service). 2014. *2014 ETS Standards for Quality and Fairness*. Princeton, NJ : ETS.

www.ingramcontent.com/pod-product-compliance
Lightning Source LLC
Chambersburg PA
CBHW041402020526
44115CB00036B/7